Tanz mit den Walen

Anne Collet

Tanz
mit den Walen

Entdeckungsreisen in eine verborgene Welt

Unter Mitarbeit von Marc Sich

Aus dem Französischen von Jutta Koch

Econ & List Taschenbuch Verlag

Veröffentlicht im Econ & List Taschenbuch Verlag 1999

Der Econ & List Taschenbuch Verlag
ist ein Unternehmen der Econ & List Verlagsgesellschaft, München

Deutsche Erstausgabe
©1999 für die deutsche Ausgabe by Econ Verlag München GmbH
© 1998 by Plon
Titel des französischen Originals: »Danse avec les baleines«
Aus dem Französischen übersetzt von: Jutta Koch
Umschlagkonzept: Büro Meyer & Schmidt, München – Jorge Schmidt
Umschlagrealisation: Init GmbH, Bielefeld
Titelabbildung: Bavaria, Düsseldorf
Bildteil im Buchinneren:
Abdruck mit freundlicher Genehmigung von Anne Collet
Gesetzt aus der Caslon, Linotype
Satz: Josefine Urban – CompetenzCenter, Düsseldorf
Druck und Bindearbeiten: Ebner Ulm
Printed in Germany
ISBN 3-612-26594-6

Inhaltsverzeichnis

1.

Onkel Jacques und die Windbeutel

In allen bretonischen Familien gibt es einen Sohn, der zur See fährt. Und in allen guten bretonischen Familien gibt es einen Sohn bei der Marine. Vorzugsweise ist er Offizier. Vielleicht wäre ich derjenige gewesen, wäre ich nicht als Mädchen auf die Welt gekommen. Ich bezweifle, daß ich mich der militärischen Disziplin untergeordnet hätte. Aber als ich zehn Jahre alt war, habe ich für einen Augenblick daran gedacht. Schuld daran war Onkel Jacques mit seinen Uniformen und seiner Vorliebe fürs Fahrrad und auch seine Großzügigkeit, was Süßigkeiten anbelangte.

Als ich auf die Welt kam, trug ich schon den Meeresvirus in mir: Mein Vater stammte aus Dünkirchen, meine Mutter aus Brest, Pariserin war ich eher zufällig. Unsere Eltern schürten diese Leidenschaft zum Meer wie ein Feuer, indem sie uns, meine beiden älteren Brüder, meine jüngere Schwester und mich, in allen Ferien zu den Stränden der Insel Alderney und später zur Halbinsel Crozon mitschleppten. Wenn ich mich an diese Aufenthalte in der Bretagne erinnere, glaube ich immer noch, Mama rufen zu hören: »Anne, komm sofort aus dem Wasser, du bist ganz blau!« Ich planschte. Ich planschte von morgens bis abends. Ich badete, wenn die Flut kam und wenn sie ging, ich folgte ihr, um Krebse in den Wasserlöchern aufzusammeln, Krabben zu fangen und Napfschnecken von den Felsen zu lösen, an denen sie festklebten. Ich fädelte die armen Weichtiere dann auf eine Schnur auf, die an einer doppelten Nadel hing, um damit Strandkrabben zu ködern, und aus ihren Schalen machte ich eine Kette. Die gefangenen Krebse hing ich an unserer Kinderhütte auf und ließ sie in der Sonne trocknen. Das war meine

Art, die Zeit der kindlichen Grausamkeit zu verbringen. Wir schwammen im Überfluß. In einer halben Stunde füllten meine Schwester und ich einen 5-Liter-Korb mit Venusmuscheln, die wir gegen zehn köstliche Karamelbonbons zu fünf Centimes pro Stück tauschten. Heute bräuchten zwei Erwachsene einen ganzen Vormittag für eine vergleichbare Ausbeute. Das Fangen der Messermuscheln faszinierte mich. Wir streuten Salz auf ihre Löcher und warteten, bis sie herauskamen. Es grenzte an Zauberei. Natürlich aß niemand sie, nicht einmal die Hunde, ihr Fleisch ist zu zäh. Heute bieten die Restaurants sie als »Spezialität der Region« an.

Ich liebte das Wasser, das meine Haut rissig und spröde machte, die Wellen, die leise murmelnd die Kieselsteine weiterrollten, den Wind, der meine Haare zerzauste, und die Gischt, die sie verklebte. Sogar den Schlamm aus den Schlammlöchern, wenn er – kalt und weich – in einen löchrigen Stiefel eindrang. Manche fanden seinen Geruch eklig, doch ich liebte ihn: Er roch nach Meer.

Später liebte ich das Meer, weil es ein phantastischer Spielplatz sein konnte. Das Meer ist am schönsten, wenn ein weißes Segel sich an das andere reiht. Als mein Bruder Antoine in die sechste Klasse kam, schenkten meine Eltern ihm ein kleines Boot mit Wrickriemen [Bezeichnung für ein einzelnes Ruder am Heck]. Ich stibitzte es ihm, sooft ich konnte. Ein Boot! Ein Boot bedeutet Freiheit. Wie stolz war ich, mit acht Jahren alleinige Herrscherin über ein Boot zu sein. Aber man erklärte mir, daß Abenteuer auf See den Jungen vorbehalten seien, nicht den Mädchen. Und die Freiheit war natürlich auch ihnen vorbehalten. Ich verstand schnell, daß das »schwache« Geschlecht sich seine Freiheit erst erkämpfen muß.

Paris bedeutete Schule und Pflichten, Anstrengungen, Unfrieden, dunkle Wintermorgen, an denen man im Sprühregen die Stufen zur U-Bahn hinunterstieg. Mama arbeitete viel, zu viel. Sie war Augenärztin und hetzte jeden Tag von morgens bis abends von einem Vorsorgezentrum zum anderen. Au-pair-Mädchen wechselten sich bei uns ab, zuerst in Montmartre, wo wir sehr lange wohnten, dann im Quartier Latin. Ich war zehn Jahre alt, als wir Mitte der sechziger Jahre dorthin zogen. In meinem Innersten wehrte ich mich gegen Paris, ich träumte von der bretonischen Küste, von den Schiffen, die zwischen Pointe Saint-Mathieu und Ouessant verkehrten. Ich zeichnete meine Träume recht ansehnlich als Bilder auf, man sagte mir sogar ein gewisses Talent nach, aber ich langweilte mich. Außer bei Onkel Jacques.

Onkel Jacques war bei uns eine Berühmtheit. Jacques Vichot, der ältere Bruder meiner Mutter, war ein nach Paris emigrierter Bretone, Marineoffizier und Gründer der Marinemuseen. Seine Frau Régine war meine Patin, und beide liebten mich. Sie luden mich zu sich ein, mich ganz allein! Es war der pure Luxus, der Himmel auf Erden. Einen ganzen Nachmittag lang war ich ihr Liebling, und das gefiel mir mehr als alles andere.

Régine und Jacques hatten eine traumhafte Wohnung im obersten Stock des Palais de Chaillot und eine riesige Terrasse mit Blick auf die Gärten des Trocadero. Wenn sie mich sonntags zu sich nahmen, konnte ich tun, was ich wollte. Sie verhätschelten mich. Vor allem gefiel es mir, Onkel Jacques in der Ausgehuniform der Marineoffiziere zu sehen. Er war großartig, hochgewachsen, robust, ein schöner Mann. Und er hatte Geschmack, er würdigte meine Zeichnungen als Kenner, da auch er in seiner Freizeit malte. Er war in gewisser Weise ein Künstler. Ich erinnere mich an eine Zeichnung, die von ihm stammt und die man in allen Marinemuseen Frankreichs als Emblem wiederfindet: ein Motiv mit zwei »Seepferden«, wie er sie nannte, um eine Kanone gruppiert. Diese Pferde hatten kein Hinterteil, sondern den Schwanz einer Meerjungfrau. Jeder glaubt, daß es sich dabei um ein Stück aus einem Schiff des 18. Jahrhunderts handelt. Aber das stimmt nicht, es stammt von Onkel Jacques. Bei ihm und Régine war ich glücklich, ich vergaß

Paris, die Schule, die Mauern, den Asphalt. Besonders wenn wir außerhalb der Öffnungszeiten zum Museum hinuntergingen. Dann hatte ich alles für mich allein – ein Traum! Ich bewunderte die Gemälde, auf denen Seeschlachten lebendig wurden oder Häfen zu sehen waren, von denen aus Handel betrieben oder Piraten verfolgt wurden. Ich berührte die gußeisernen Schießanlagen, das Holz der Schiffe, den Hanf der Trosse. Ich bestaunte die Modelle der Korvetten, Schaluppen, Kutter und der Schiffe mit 74 Kanonen und stellte mir vor, wie sie die Leinen losmachten, Segel setzten und mit ihrer Mannschaft in See stachen. Ich sah steife Männer in blau-roten Uniformen auf der Back und wendige, geschwätzige Matrosen, die barfüßig, ein Tuch um den Kopf geschlungen, die Masten hochkletterten. Ich hörte das Klatschen der Segel, das Pfeifen des Südwinds, das Tosen haushoher Wellen. Ich versank in meinen Träumen. Wenn ich daraus erwachte, führte Onkel Jacques mich zur Ausstellung der Tampen und erklärte mir den Nutzen jedes einzelnen, oder er zeigte mir die Instrumente der Forschungsreisenden: Sextant, Oktant, Theodolit, Chronometer. Es war das Paradies auf Erden.

Einer dieser Spaziergänge durch die riesigen Säle ist mir besonders im Gedächtnis geblieben. Onkel Jacques hatte ein gesundheitliches Problem und konnte schlecht gehen. Deshalb hatte er beschlossen, auf dem Fahrrad durch das Museum zu fahren. Und da er nicht wollte, daß ich zu Fuß hinter ihm herliefe, hatte er mir ausnahmsweise in Anbetracht meines Standes und Alters erlaubt, ihm auf Rollschuhen zu folgen. Welch ein Anblick: Jacques Vichot auf dem Fahrrad, neben ihm die kleine Anne auf Rollschuhen, wie sie an den Vitrinen mit den Überbleibseln der kostbarsten Schiffe aus der Geschichte vorbeifährt. Die Wächter waren sprachlos.

Doch Onkel Jacques genügte es nicht, mir nur sein Museum, sein Werk, zu zeigen. Er brachte mir bei, das Meer mit Neugier zu betrachten, mehr noch, es zu einem Gegenstand physischer und intellektueller Leidenschaft zu machen. Es war nicht nur ein Spielfeld, ein Ort der Freude, es war ein neues Universum, das die Menschen genausowenig kannten wie den Jupiter oder den Mars. Er erzählte von geheimnisvollen Fluten, merkwürdigen Spezies, mikroskopisch kleinen Meeresorganismen, unergründlichen Tiefen, launischen Strömungen, Passatwinden, fliegenden Fischen, seltsamen Tieren, deren Namen ich nicht kannte: Schwertwale, Grindwale, Buckelwale, Weißwale. Onkel Jacques war für mich wie Kapitän Ahab, wie Bernard Moitessier, nur daß ich ihn jede Woche sehen und mit Fragen überhäufen konnte. Als er glaubte, ein echtes Interesse in mir zu entdecken, nahm er die erste Karte des Meeresbodens, herausgegeben von *National Geographic*, von der Wand und schenkte sie mir. Heute weiß ich, daß dies nur eine von vielen Aufmerksamkeiten war, aber an dem Tag, als Onkel Jacques mir diese Karte schenkte – die ich sorgfältig aufgehoben habe –, tat er zugleich etwas Außergewöhnliches: Er gab mir Vertrauen in mich selbst. Er zeigte mir, daß sich ein Erwachsener um die Leidenschaft eines kleinen Mädchens sorgen, sie unterstützen und sogar fördern kann.

Onkel Jacques war Vorbild, Ratgeber und Freund. Er setzte sich auf erstaunliche Weise über Verbote hinweg. Ich erinnere mich an einen Sonntagmorgen in der Bretagne während der Ferien. Er und seine Frau waren zu Besuch gekommen, und mein Onkel hatte mich nach Camaret zum Einkaufen mitgenommen. Ich war ungefähr zehn Jahre alt. Wir hatten die Konditorei betreten, was mich schon überrascht hatte. Mama mochte keine Süßigkeiten, und sie erlaubte nur ein einziges Stück Kuchen, ein großes Mokkatörtchen mit Mandeln, an den Geburtstagen: vier Kinder, vier Kuchenstücke im Jahr, das war alles. An diesem Sonntag hatte Onkel Jacques ohne den geringsten Anlaß vor, Windbeutel für alle zu kaufen. Keinen großen gemeinsamen »vernünftigen« Kuchen, sondern lauter leckere »egoistische« Köstlichkeiten. Eine wahre Sünde, und das nach

der Messe! Während er bedient wurde, betrachtete er etwas enttäuscht die zehn Windbeutel.

»Was denkst Du, Anne? Findest Du nicht auch, daß das
etwas mager ist?«

Mir war, als würde vor mir ein Sahneberg aufgetürmt, deshalb
wagte ich natürlich nicht zu antworten, aber mein Onkel fuhr
fort:

»Wir brauchen mindestens zwei Stück für jeden. Wir möchten 20 Stück davon, Madame.«

Einen Augenblick lang glaubte ich, die Wände der Konditorei würden einstürzen, der Himmel würde sich öffnen und ein
Blitz ganz Camaret vernichten. Zwanzig Windbeutel! Das war
einfach unglaublich, tollkühn. Ich hatte mich von dem Schreck
noch nicht ganz erholt, als Onkel Jacques fortfuhr:

»Ach, ich nehme noch einen, aber packen Sie ihn nicht ein.
Ich denke, meine Nichte möchte ihn lieber unterwegs essen.«

Als ich die Konditorei verließ, hielt ich mein Geschenk wie
ein Ministrant das heilige Abendmahl. Und als ich auf dem
Gehsteig genüßlich hineinbiß, bebte ich vor Freude. Es war der
beste Windbeutel, den ich je gegessen habe. Ich erinnere mich
an den Blick, den Onkel Jacques mir zuwarf. Er war begeistert
und traurig zugleich. Und auch sorgenvoll, weil er zweifellos
glaubte, ich sei nicht rebellisch genug. Er fühlte, daß in meinem
Innersten eine Leidenschaft wuchs, die er noch nicht richtig
einschätzen konnte, die aber manchmal, besonders wenn er vom
Meer sprach, zum Ausdruck kam. Er fühlte auch, daß ich diese
Leidenschaft vernachlässigte, daß ich ohne wirkliches Ziel lern-
te, aus reiner Disziplin. Ich glaube, daß sich Onkel Jacques an
diesem Tag zu mir beugte, um mir ins Ohr zu flüstern:

»Man soll nicht immer nur das tun, was vernünftig scheint.
Du mußt lernen, Dich manchmal von Deinen Wünschen leiten
zu lassen. Geh, wohin Dein Herz Dich führt, Anne.«

Ich bin nicht sicher, ob es wirklich diese Worte waren, aber
immer, wenn ich mich an diese Szene erinnere, glaube ich zu

sehen, wie er sich über mich beugt, seine Hand auf meine Schulter legt und diese Worte in mein Ohr flüstert wie ein Motto für das Leben. Jedenfalls hatte seine Geste diese Bedeutung.

Bevor die Ferien zu Ende waren, hatte ich beschlossen, Meeresforscherin zu werden. Heute muß ich über diesen Begriff schmunzeln. Man wird Physiker, Chemiker, Biologe, Statistiker, Mathematiker, und man spezialisiert sich auf dem Gebiet des Meeres oder der Erde, aber man ist kein Ozeanologe, so wie man kein »Terrologe« sein kann. Warum nicht gleich »Planetologe«? Niemand kann heute noch vorgeben, ernsthaft alle Aspekte eines so großen Forschungsgebiets wie das des Meeres abzudecken. Aber für ein zehnjähriges Mädchen war das in den sechziger Jahren noch denkbar, zumal ich noch nicht wußte, was ich wirklich tun wollte. Außer Onkel Jacques' Rat zu befolgen und niemanden mehr für mich bestimmen zu lassen, »wohin mein Herz mich führt«.

Die Filme Cousteaus haben meine Sehnsucht nach dem Meer, nach einem Leben mit dem Meer und seiner andersartigen Fauna noch verstärkt. Da wir zu Hause keinen Fernseher besaßen, bot ich meine ganze Phantasie auf, um zufällig immer gerade bei Freundinnen zu sein, wenn die Dokumentationsserie ausgestrahlt wurde. Ich verpaßte keine einzige. In meinen Träumen war ich schon Forscherin, schritt die Brücke meiner eigenen Calypso auf und ab, spielte unter Wasser mit der Schwimmflosse Jojos, eines Zackenbarsches, ließ mich zwischen dem verrotteten Holz unbekannter Wracks treiben oder beobachtete als erste einen Unterwasserriesen, dessen Kiefer vor messerscharfen Zähnen starrte, denen ich durch eine Bewegung der Schwimmflossen gerade noch entkam. Das Tier nannte ich daraufhin instinktiv und ohne Scham *Giganticus colletus*.

Einige Jahre später, am Victor-Duruy-Gymnasium, war alles ganz anders: Physik und Chemie langweilten mich zu Tode. In Französisch war ich eine Null, mit Biologie und Geschichte/Geo konnte ich mich gerade über Wasser halten. Ich interes-

sierte mich nur für Zeichnen und Mathe. Da ich eher undiszipli-
niert war, hielt es der Konrektor für nötig, mich zu bestrafen,
indem er mich in die geisteswissenschaftliche Sekundarstufe
steckte. Ich glaube, daß ich diese Entscheidung, die sicherlich
den Schönen Künsten die Tür öffnete, akzeptiert hätte, wenn
ich nicht bereits von der Leidenschaft für das Meer ergriffen
gewesen wäre. Die Vorstellung, von einigen nervigen Fächern
befreit zu sein, war verlockend, aber wenn ich mir nur einen
Augenblick lang ausmalte, am Eingang einer naturwissenschaftlichen Universität zurückgewiesen zu werden, bekam ich
schon eine Gänsehaut. Anfang der siebziger Jahre war es
undenkbar, in der naturwissenschaftlichen Forschung zu arbeiten, ohne in einem mathematischen Zweig gewesen zu sein. Die
geisteswissenschaftliche Sekundarstufe zu besuchen hieß, sich
ein für allemal den Zugang zu den Naturwissenschaften zu ver-
bauen. Für mich bedeutete dies, mir den Zugang zum Meer zu
versperren. Das kam nicht in Frage. »Laß dich von deinen Wünschen leiten«, hatte Onkel Jacques mir gesagt. Da begriff ich,
daß dies nicht unbedingt der einfachste Weg war und daß ich
hart arbeiten mußte, um diese verfluchten Wünsche zu verwirklichen. Ich schrieb mich in einem anderen Institut im wissenschaftlichen Zweig ein, vergrub mich in Physik- und Chemie-
bücher, arbeitete hart. Ich stopfte mir die Ohren zu, um nicht
abgelenkt zu werden. Und drei Jahre später, im Juni 1973, erhielt
ich das gute Stück, das Abiturzeugnis. Mit diesem Papier in der
Tasche nahm ich sofort den Zug nach Brest, um mich an der
Universität für Meeresbiologie einzuschreiben.

Die Euphorie dieses neuen Lebens hielt nicht lange an, und in
den ersten Monaten meines Studiums habe ich Onkel Jacques
oft verflucht. Seinen Wünschen folgen! Dahin gehen, wohin das
Herz dich führt! Dazu muß man erst wissen, was man möchte,
was man wirklich liebt. Die Lehrer an der Universität waren im
allgemeinen zwar intelligent, qualifiziert, interessiert, aber es
gelang ihnen nicht, die in unseren Köpfen versteckten Begabun-

gen hervorzulocken. Die anderen Studenten waren ziemlich aufgeschlossen, aber die meisten von ihnen wußten genausowenig wie ich, was sie werden wollten. Nur das Meer ganz in der Nähe zog mich an, machte mich wunschlos glücklich und begeisterte mich.

Ich begann, entlang der Küste – die ich eifriger besuchte als meine Kurse – Vögel zu beobachten. Ich tat dies wie ein aufmerksamer Amateur. Vor allem aber organisierte ich Feten in unserem Haus in der Nähe von Camaret, wo wir die Wochenenden verbrachten. Ich war die einzige Studentin, die über ein ganzes Haus verfügte, da meine Familie in Paris geblieben war. Bei Regatten legte ich Hunderte von Seemeilen auf Segelschiffen zurück, und mit Freunden gründete ich den Club »Crocodiles de l'Elorn«, eine der ersten Surfercliquen Frankreichs. Nach dem ersten Jahr an der Uni drehte ich eine Ehrenrunde wie einer meiner alten Freunde, Eric Hussenot, der heute wissenschaftlicher Direktor von Océanopolis in Brest ist. Ich hätte vielleicht noch eine Ehrenrunde gedreht und mich schließlich enttäuscht, frustriert und immer noch unentschlossen von der Uni abgewendet, wenn dieses traurige Gebilde aus falschen Studien und exzessiven Vergnügungen nicht mit einem Schlag zum Einsturz gebracht worden wäre.

Eines Morgens ging ich mit einem Freund zu einem Strand in der Nähe von Pointe du Raz, wo er mich von Kopf bis Fuß ausstattete: Taucheranzug, Bleigürtel, Taucherbrille, Schwimmflossen, Schnorchel. Er stieg ins Wasser und forderte mich auf, ihm zu folgen. Er hatte mir schon seit Tagen eine Überraschung versprochen, ohne etwas zu verraten.

»Sagst du mir jetzt, was wir hier machen?«

» Komm, dann siehst du es schon. Ich bin sicher, es wird dir gefallen.«

Ich konnte ihm keine weitere Silbe entlocken. Ich hatte die Wahl, entweder die ganze Ausrüstung wieder abzulegen und ihn dort zurückzulassen, oder ihm zu folgen. Ich kann Ratespiele nicht ausstehen, aber ich bin neugierig. Also tauchte ich.

Wir befanden uns in einer kleinen Bucht mit hohem Wasser-
stand. Mehrere Fischerboote waren etwa 30 Meter vom Ufer
entfernt vertäut. Wir schwammen bis zu dem Boot, das am weitesten vom Land entfernt war, und mein Freund bedeutete mir
anzuhalten. Dann fing er an, mit seinem Tauchermesser auf die
Kette zu schlagen, mit der das Boot verankert war. Eine verrückte Idee. Da er noch bei Verstand zu sein schien, dachte ich, daß
er sich mit anderen Tauchern verabredet habe und sie mit diesem
Geräusch verständigte. Vielleicht hatte er sich einen Scherz aus-
gedacht. Ich rechnete jedenfalls damit, im nächsten Augenblick
Studienfreunde auftauchen zu sehen, als ich rechts von mir
einen Schatten sah. Überrascht berührte ich die Schulter meines
Freundes, um ihn darauf aufmerksam zu machen. Er sah in die
Richtung, in der der Schatten war, und bedeutete mir, nach oben
zu tauchen.

»Er ist es«, schrie er.

»Wer?«

»Jean-Louis. Hol gut Luft, du wirst sie brauchen.«

Mehr war ihm nicht zu entlocken. Er hatte bereits seinen
Schnorchel in den Mund gesteckt und tief eingeatmet, dann
tauchte er wieder. Ich folgte ihm nochmals. Ich war vorsichtig.
Der Schatten, den ich gesehen hatte, schien die Form eines
Fisches und die Größe eines Menschen zu haben. Wir stiegen
auf vier oder fünf Meter hinab, zuerst er, dann ich, dort stabili-
sierten wir uns mit Hilfe unserer Bleigürtel. Plötzlich war der
Schatten wieder da, diesmal direkt vor mir. Zuerst war es nur ein
Fleck, der sehr schnell wuchs. Das Wasser war nicht klar genug,
um zu sehen, was es war, aber ich dachte sofort an einen Hai.
Jahrzehntelang waren alle Meerestiere, die Ähnlichkeit mit
einem Haifisch hatten, von den Fischern der Gegend »Jean-
Louis« getauft worden. Man betrachtete sie als Räuber, die
gefährlich waren – vielleicht nicht für Menschen, aber zumindest für die Fische. Bevor ich Zeit hatte, mich zu bewegen, war
der Schatten über uns. Es war kein Hai, sondern ein Delphin,

ein großer Delphin, *Tursiops truncatus,* in drei Meter Entfernung! Ich hatte noch nie Gelegenheit gehabt, einen lebenden Delphin so nahe zu sehen. Er schoß auf meinen Freund zu, dann, als die Spitze seines Schnabels nur fünfzig Zentimeter von dessen Taucherbrille entfernt war, hielt er plötzlich an. Ich weiß nicht, wie ich reagiert hätte, wäre er auf mich zugekommen, aber ich glaube nicht, daß ich geflohen wäre. Sicher hätte ich Wasser geschluckt. Ich hätte nicht überraschter sein können, wenn ein Vogel Strauß durch meinen Garten bei Camaret spaziert wäre. Sobald ich das Tier erkannte, verließ mich die Unruhe, die mich ergriffen hatte, als ich an einen Hai dachte. Ich fühlte instinktiv, daß nichts zu befürchten war. Zu dieser Zeit wußte man wenig über Waltiere. Hätte man unter den Meeresbiologie-Studenten der Universität eine Umfrage gestartet, wäre die Antwort der meisten so ausgefallen, daß Delphine nur in tropischen Gewässern leben und bestimmt nicht an einer der kühlsten Landzungen der Bretagne. Fassungslos beobachtete ich, wie der Delphin eine Art Pirouette drehte; dabei tauchte er und machte eine Schraube, schwamm dann unter uns durch, kam hinter uns wieder hoch, drehte sich um und hielt an. Meinem Freund und mir ging die Luft aus, und wir mußten auftauchen. Ich war sicher, daß er sich davonmachen würde, aber nein, er folgte uns und begann, uns zu umkreisen. Offensichtlich war Jean-Louis weniger überrascht, mich zu sehen, als ich ihn. Sein Umgang mit Menschen hatte seiner Neugierde nicht geschadet. Er zeigte keinerlei Unsicherheit, blieb aber außerhalb unserer Reichweite. Wir hätten ihn nicht berühren können, auch wenn wir es gewollt hätten. Er spielte ein Spiel, das ich nicht kannte, bei dem er sich näherte, entfernte und wieder zurückkam. Wenn er innehielt, sah ich sein Auge und fühlte, wie er durch meine Taucherbrille hindurch Blickkontakt mit mir suchte. Viele Illustratoren neigen dazu, Delphine mit Rehaugen darzustellen. Aus der Nähe erinnert ihr Auge mit den faltigen Lidern jedoch eher an das eines alten aufgedunsenen Trunkenbolds. Die Haut seines Rükkens schimmerte graublau wie Satin, und sein hellerer Bauch erinnerte an weiche Seide. Diese Haut ermöglicht es Delphinen, so schnell zu schwimmen, 35–40 Stundenkilometer. Nach den Gesetzen der Hydrodynamik dürften sie normalerweise aufgrund ihrer Größe, ihres Gewichts, ihrer Form und ihrer Muskelmasse im Wasser nicht schneller als 20 Stundenkilometer sein, da Wasser den 800fachen Widerstand von Luft hat. Aber Delphine haben die Schnelligkeit in der Haut. Mikroskopische Hautanalysen haben ihre besondere Struktur offengelegt. Die oberste Schicht ist dünn, fein und elastisch. Die darunterliegende geschmeidige Schicht besteht aus Papillen und Kanälen, die eine variable Form ermöglichen, wie eine Matratze mit Sprungfedern. Diese Unterschicht variiert entsprechend dem Wasserdruck. Die Empfindungen, die diese besonders innervierte Haut aufnimmt, werden an das Gehirn weitergeleitet, wo sie analysiert und die entsprechenden Befehle an Millionen Zellen in der Lederhaut zurückgesandt werden. Diese paßt sich entsprechend an, und der Delphin verändert die Oberfläche seines Körpers ein wenig, um Turbulenzen, die ihn bremsen würden, abzufangen.

Ich weiß nicht, was Jean-Louis von uns erwartete, als er auf uns zukam, vielleicht eine Abwechslung. Er schien sich besonders für meine Taucheruhr zu interessieren bzw. für die Geräusche, die sie machte. Er legte seine Mandibel darauf und gab eine Reihe klickender Laute von sich. Ich könnte mir vorstellen, daß ihn die inneren Zahnräder beschäftigten. Und da auch meine Uhr klick-klack machte, hielt der Delphin sie vielleicht für mein Schallortungsgerät. Ich versuche immer, mir vorzustellen, was ein Tier auf seine Weise, mit seinen eigenen Antennen in Gegenwart eines Menschen fühlt. Wenn ich meinen Kater füttere und er mich mit großen runden Augen voll Dankbarkeit ansieht und mir schnurrend um die Beine streicht, denke ich, daß er mich für eine große Jägerin hält. Jeden Tag bekommt er frische Beute. Wenn er mir also ab und zu stolz eine mehr oder weniger lebendige Eidechse bringt, als ob er mir zeigen wollte, daß auch er jagen kann, hüte ich mich daher, enttäuscht oder angewidert zu reagieren, da er das nicht verstehen könnte.

Plötzlich war Jean-Louis der beschaulichen Teilnahmslosigkeit seiner Besucher überdrüssig. Sechs oder sieben Schwanzbewegungen, und schon war er nur noch ein Schatten in der Ferne.

Wir machten uns zum nächsten Boot auf und kletterten hinein. Ich mußte mich erst einmal von der Aufregung erholen. Mein Freund schmunzelte zufrieden. Er fragte mich, ob die Überraschung den Aufwand wert gewesen sei, und ich konnte nur matt zustimmen. Ich glaube nicht, daß ich ihm jemals gesagt habe, wie sehr mich diese Begegnung aufgewühlt hat. Als ich wieder ein wenig zu mir gefunden hatte, löcherte ich ihn mit Fragen.

»Wie hast du ihn entdeckt?«

»Ach, nicht ich habe ihn gefunden, sondern er mich. Ich bin einige hundert Meter von hier entfernt getaucht, um Algenproben zu sammeln, als er auf mich zukam. Ich dachte zuerst, es sei ein Hai.«

»Hast du ihn deshalb ›Jean-Louis‹ getauft?«

»Nein, die Fischer hier haben ihm diesen Namen gegeben. Ich unterhielt mich mit ihnen über diesen Delphin, und sie sagten mir, daß Jean-Louis ein Bekannter sei, der sie seit mehreren Monaten besuche. Wenn einer von ihnen auf sein Boot geht, ist er sofort da und umkreist es.

»Bist du oft wiedergekommen, um ihn zu sehen?«

»Fünfmal in den letzten drei Monaten.«

»Und er ist jedesmal gekommen?«

»Immer. Wenn er nicht gleich da ist, genügt es, ein Geräusch zu machen, das sich unter Wasser ausbreitet, dann kommt er innerhalb weniger Minuten. Wahrscheinlich ist er nie sehr weit weg.«

»Bist du sicher, daß es der gleiche ist?«

»Natürlich, du hast ja gesehen, daß er unter seiner linken Rückenflosse einen helleren Fleck hat. Diese Narbe ist ein gutes Erkennungszeichen.«

»Ist er immer allein?«

»Ich glaube schon. Niemand hat ihn je mit anderen Artgenossen zusammen gesehen. Es hat dir also gefallen?«

Gefallen?! Ich war im siebten Himmel, mein Herz schlug wie wild. Gleichzeitig schien es mir, als fügten sich die Teile eines Puzzles magisch zusammen. Ich begann langsam zu begreifen, warum ich eigentlich nach Brest gekommen war, warum ich dieses Studium begonnen hatte, welches mich in gewisser Hinsicht schrecklich anödete. Es war diese unglaubliche Energie, die Jean-Louis ausströmte, die mich anzog, es war das Leben. Ich verstand Biologie im etymologischen Sinn: als Studium des Lebens. Und das ist es für mich auch heute noch. Ich befand mich in Brest auf einem Weg, den ich gehen mußte, um schließlich zum »Weg der Wünsche« zu gelangen, dorthin, wo »mein Herz mich führt«.

Sehr viel später erfuhr ich, wer dieser »Jean-Louis«, der mich so sehr bewegt hatte, wirklich war: erstens hätte sich dieser Delphin »Jean-Louise« nennen können, da es ein Weibchen war; zweitens war er einer dieser Einzelgänger, die man fälschlicherweise »Botschafter« nennt, weil sie die Gesellschaft der Menschen zu mögen scheinen. Diese Einzelgänger sind weniger Wortführer einer Spezies, Träger einer unklaren Botschaft, als vielmehr aus ihrer Gruppe ausgeschlossen, sei es freiwillig oder gezwungenermaßen, das weiß man nicht. Jean-Louis machten die menschlichen Überfälle Spaß, solange sie selten und vereinzelt, neugierig, aber auch respektvoll waren. Ich selbst besuchte ihn sieben Jahre lang ziemlich regelmäßig. Bis ein gewissenloser, vielleicht geldgieriger Dummkopf diese außergewöhnliche Erscheinung publik machte. Der Erfolg war durchschlagend. Man sah Massen von Tauchern zur Pointe du Raz strömen. Sie kamen von überall her, aus allen Ecken Frankreichs, Deutschlands, Hollands, Spaniens. Wir sahen bis zu 50 Menschen gleichzeitig in alle Richtungen schwimmen, mit einem Topf in der Hand, auf den sie schlugen, um Jean-Louis anzulocken und ein Foto zu machen, das sie sicherlich gerahmt auf ihren Kaminsims stellten. Jean-Louis ließ sich alles gefallen. Aber eines Tages war er weg. Vielleicht war er in ruhigere Gewässer geflüchtet oder hatte sich seinen Artgenossen angeschlossen. Hoffentlich. Oder er war tot. Im Fahrwasser neugieriger Massen befinden sich immer auch neugierige Waffenfans, kranke Menschen, die der Ruhe auf Erden und im Meer überdrüssig sind. Herumballern aus Freude am Schießen, noch ein Tier auf seine Erfolgsliste setzen. Diese Spezies stirbt leider nicht aus, sie ist nicht einmal gefährdet.

Der Delphin wollte nur in Ruhe gelassen werden oder zumindest selbst entscheiden, ob er Lust hatte, mit uns Zweibeinern zu spielen.

Er blieb mir im Gedächtnis wie ein Zeichen des Schicksals. Dieser sogenannte Botschafter hat mir keine Aufgabe anvertraut, er ist nur Teil der Erfahrungen, die mir dabei geholfen haben festzustellen, was mir wirklich wichtig ist. »Auf sein Herz hören«, wie Onkel Jacques sagte. Wenn ich auf mein Herz höre, finde ich immer einen Weg, meine Wünsche zu erfüllen. Und wenn meine Antennen funktionieren, wenn ich sicher bin, auf dem richtigen Weg zu sein, verschwinden alle Hürden, und alles wird ganz einfach. Schlimm ist es nur, wenn ich mich geirrt habe, im Weg oder in der Stimme.

2.

Ein Walzer auf einer Welle in Argentinien

Sie hat mich gesehen und schwimmt auf mich zu! Ihre Bewegungen sind unmerklich, und doch kommt sie vorwärts. Durch sanftes Schlagen ihrer Schwanzflosse schleudert sie mir ihre sechzig Tonnen mit verblüffender Leichtigkeit entgegen. Sie ist es nicht gewohnt, einen winzigen Menschen in den Gewässern planschen zu sehen, in denen sie mit Walbullen herumtollt oder niederkommt. Sie ist neugierig geworden. Langsam frage ich mich, ob es richtig war, das Boot zu verlassen, um mit den Riesen zu schwimmen. Gewiß, für diese Begegnung mit ihr, *Eubalaena australis*, dem Südkaper, einem nahen Verwandten unseres Nordkapers im Nordatlantik, bin ich 8 000 km über Land und Meer von Frankreich nach Argentinien gereist. Jedoch nur zu wissenschaftlichen Beobachtungen, nicht für ein Tête-à-tête mit dem Leviathan mitten im Meer.

Acht Tage zuvor war ich auf dem Flughafen von Trelew in der Provinz Chubut im Norden Patagoniens zusammen mit einer kleinen Mannschaft aus Kollegen und begeisterten Amateuren gelandet. Eine Reise, die nicht gut anfing, da meine Koffer während eines Zwischenstops in Brasilien ihres kompletten Inhalts beraubt worden waren. Mir blieb nur ein fellgefütterter Parka, mit dem die Diebe in den Tropen wohl nichts anzufangen gewußt hatten. In Buenos Aires mußte ich mich innerhalb weniger Stunden neu ausstaffieren, bevor ich zur Atlantikküste flog.

In Trelew nahmen wir den Bus, um auf der Halbinsel Valdés zum Dorf Puerto Piràmides zu gelangen, das an einer Landenge liegt, die den Golfe Nuevo im Süden vom Golfo San José im Norden trennt. Unser Hotel, ein kleiner zur Estancia umgebauter Leuchtturm, lag einige Kilometer entfernt einsam in der Pampa, sympathisch und eisig: Es gab keine Heizung. Das Dorf, das Ende des letzten Jahrhunderts für den Export von Wolle und Salz aus der Salina Grande gegründet worden war, besaß damals weder Quai noch Anlegeponton, dennoch nannte es sich stolz Hafen. Den Argentiniern machte die fehlende Ausrüstung nichts aus, sie waren voller Ideen und erstaunlich findig.

Die Wellen des Golfe Nuevo liefen an einem leicht abfallenden Strand aus, weshalb das Boot, das uns mitnehmen sollte, nicht anlegen konnte. Die Seeleute von Puerto Piràmides hatten daher einen schwimmenden Ponton auf Rädern erfunden. Sie hatten am Heck eines Traktors, der den häufigen Salzbädern standhielt, eine Art rollendes Gerüst befestigt, das aus Metallträgern und schlecht zusammengefügtem Abbruchholz bestand. Wir stiegen auf, nachdem man uns vorsichtigerweise zum Anlegen der Schwimmwesten aufgefordert hatte. Als wir zusammengepfercht Platz genommen hatten, fuhr der Fahrer des Traktors mit seinem seltsamen Gespann rückwärts. Im Rückwärtsgang ging es ins Meer! Die Wellen brachen sich sehr schnell an unserem Refugium und spritzten uns von Kopf bis Fuß naß. Als die Räder des Traktors zur Hälfte im Wasser standen, legte das Schnellboot an der Seite unserer Plattform an, und wir konnten an Bord gehen. Dort begrüßte uns ein lächelnder Käpten, ein Sechziger mit feurigen Augen, silbernen Haaren und sonnengebräunter Haut, der einem patagonischen Gott Ehre gemacht hätte. Die Inkarnation des Machos aus der Pampa, als sei er einem Roman von Francisco Coloane entstiegen. Er ließ alle Frauen schwach werden. Sobald das Schnellboot, das von zwei mächtigen Außenbordmotoren angetrieben wurde, Kurs auf das Meer genommen hatte, vergaß ich die Dusche auf dem Ponton und sogar das Lächeln des Käptens. Denn die Wale, mit denen wir uns ohne deren Wissen verabredet hatten, waren da. Sie waren nur einige Seemeilen vom Ufer entfernt in dem Areal, in dem sie sich vermehrten.

Hier führten sie während des südlichen Frühlings – unserem nördlichen Herbst – das Ballett ihrer gigantischen Liebesspiele auf, das mein Kollege Roger Payne beschrieben hat, ein großer Spezialist auf dem Gebiet des Südkapers, der seine Studien viele Jahre lang vorzugsweise an der argentinischen Küste betrieben hat. Die Arbeit vor Ort über einen langen Zeitraum hinweg hatte es ihm ermöglichte, die Tiere außerordentlich gut kennenzulernen. So konnte er jeden Migranten identifizieren, wenn dieser auf der Halbinsel Valdés ankam, nachdem er die Saison zur Nahrungsaufnahme am Rande der antarktischen Gewässer jenseits der Südspitze Südamerikas verbracht hatte.

Glattwale wandern innerhalb weniger Wochen 5 000 Kilometer. Die Walkühe kommen zuerst in den gemäßigten Gewässern an. Das küstennahe Meer, das nur 20 bis 40 m tief ist, scheint für die Paarung geeignet. Anschließend kommen die Walbullen. Sie manifestieren ihre Erregung, indem sie sich um sich selbst drehen und mit ihren paddelförmigen Flossen schlagen. Mitten im Meer kann man dieses Geräusch mehr als einen Kilometer weit hören. Die Walkühe verlassen sich auf das Gesetz der Masse, um ihre Nachkommenschaft zu sichern, und die Walbullen kommen nur aus einem Grund: sich mit allen Walkühen, an die sie herankommen, so oft wie möglich zu paaren. Sie nähern sich ihnen gemeinsam und kämpfen um ihren Besitz. Sie stoßen sich mit den Flossen und mit dem Kopf und reißen sich ihre empfindliche Haut auf. Manchmal drängen sich sechs oder sieben Männchen um die gleiche Walkuh, die nicht so schnell nachgibt. Wenn sie eingeholt wird, dreht sie sich auf den Rücken, so daß ihre Genitalspalte außer Reichweite der erschreckend betörenden rosa Penisse ihrer Freier ist. Normalerweise ist der Penis aus hydrodynamischen Gründen in einer Spalte, einer Art Hosenschlitz, verborgen. Die Anordnung der Hoden erinnert an die der Elefanten. Man kann sie nicht sehen, da sie im Inneren der Bauchhöhle unterhalb der Nieren versteckt sind. Der Penis ist aus faserigem Material und wird von riemenförmigen Muskeln in einem Schutzmantel gehalten. Seine Elastizität ermöglicht unglaubliche Erektionen: Ein Walpenis kann zwei Meter lang werden. Wenn mehrere Walbullen eine Walkuh umkreisen und versuchen, sie umzudrehen, wird das Meer an dieser Stelle zum Hexenkessel, aus dem riesige Arme, enorme hornhautbedeckte Köpfe und wild schlagende Schwanzflossen auftauchen. Die Walkuh hält stand, aber schließlich muß sie doch atmen, denn wenn sie auf dem Rücken liegt, ist ihr Spritzloch unter Wasser. Also dreht sie sich um, und ihre Höflinge nehmen sich, Körper an Körper, das, wofür sie gekommen sind. Sie können dabei so hitzig sein, daß manchmal zwei von ihnen gleichzeitig in dieselbe Walkuh eindringen.

Als wir begannen, den Golfe Nuevo zu befahren, war es noch ruhig. Oft sahen wir zuerst nur Schwanzflossen, riesige Fluken von vier Metern Spannweite. Denn Wale dieser Art haben die seltsame Angewohnheit, sich im Wasser »hängen« zu lassen, kopfunter, den Schwanz in der Luft, als ob sie dieses natürliche Segel nutzten, um sich vom Wind tragen oder abtreiben zu lassen. Vielleicht suchen sie auch den Meeresboden ab. Wir wissen nicht viel darüber.

Wenn wir sie zur Seite kippen und wieder auftauchen sahen zum Luftholen – und sie dabei ihre Fontänen in den Himmel sprühten –, überraschte uns immer ihre Masse. Der Bartenwal der südlichen Reviere und sein naher Verwandter aus dem hohen Norden sind die Stämmigsten. Ihr Körper ähnelt ohne Rückenflosse einem Faß. Es ist ein schwerer, langsamer und dunkler Koloß mit phänomenaler Kraft. Zu Zeiten der Waljagd kam es vor, daß ein harpunierter Wal mehr als zehn Stunden lang ein Schiff unter vollen Segeln hinter sich herzog. Man taufte ihn »aufrechter Wal« nicht aufgrund seines guten Charakters, sondern weil er eine Eigenschaft besitzt, die ihm nicht sehr zugute kommt: Er geht nicht unter, wenn er harpuniert bzw. getötet wird. Das ist für Walfänger ein unschätzbares Glück, ein schwimmendes Vermögen. Die Angelsachsen nannten ihn auch *right whale,* richtigen Wal, den man töten mußte, weil er ihnen riesige Mengen Öl einbrachte und seine mehr als zwei Meter langen, wunderbar seidigen Barten im Hafen sehr teuer verkauft werden konnten. Vor dieser argentinischen Küste töteten die Walfänger von Nantucket und New Bedford, die Herman Melville zu seinem Buch *Moby Dick* inspirierten, im Laufe der ersten Hälfte des neunzehnten Jahrhunderts 18 000 Glattwale. Zuerst harpunierten sie die Walkälber, damit die Walkühe in der Nähe der Schiffe blieben. Dann nahmen sie sich diese vor. Jedes Jahr wiederholte sich das gleiche ewige Massaker am selben Ort. Es war nicht nötig, nach ihnen zu suchen, die Wale kamen von allein zu ihrem Schlachthof. Hätte man ihre Ausbeutung nicht vor dem Jagdverbot bereits gebremst, wäre diese Spezies vollkommen ausgestorben. Heute scheinen sich die Bestände glücklicherweise wieder zu erhöhen.

Sechs Tage lang trafen wir uns jeden Morgen mit den Walen. Wenn man sich nur mit Hilfe eines asthmatischen Traktors einschiffen kann, besteht die größte Schwierigkeit eines solchen Unternehmens darin, aufs Meer hinauszukommen. Danach volle Fahrt auf die Bucht. Sobald ein Weibchen und ihr Nachwuchs in 200 bis 300 Meter Entfernung zu sehen sind, stellt man die Motoren ab. Man muß nur warten, bis das neugierige Walkalb herankommt, um es in aller Ruhe von der Brücke aus beobachten zu können. Oft legt es sich auf die Seite, um die unbekannten Besucher besser sehen zu können, oder es versucht, das Boot mit seinem Kopf anzustoßen. Die Mutter paßt auf und umkreist das Schnellboot. Wenn sie schließlich glaubt, daß das Spiel lange genug gedauert hat, schiebt sie sich zwischen das Boot und ihr Junges und nimmt es ein Stückchen weiter mit. Als ich diese Reise unternahm, waren Waltiere noch nicht so populär, es gab nur wenige Schiffe, und die Tiere wurden der Neugierde der Menschen nicht überdrüssig. Dieselbe Szene konnte sich fünf- oder sechsmal am Tag wiederholen. Heute, zehn Jahre später, zieht die Mode des *whalewatching* scharenweise Touristen an die

Küsten Argentiniens und Mexikos oder den Sankt-Lorenz-Golf. Die Wettkämpfe zwischen den Skippern der Schnellboote, die ihre Kunden zufriedenstellen wollen, arten in Exzesse aus. Sie müssen den Tieren ganz nah kommen, hautnah. Schließlich entfernen sich die Wale, weil sie immer wieder gestört und bedrängt werden. Und manche werden aggressiv, wenn sie von fünf oder sechs Außenbordmotoren eingekreist sind.

Auf unsere traf das nicht zu, und wir konnten problemlos arbeiten. Ich versuchte sogar, ihre Gesänge aufzunehmen, da mein Hydrophon der Plünderung meines Gepäcks entkommen war. Die Technik funktionierte hervorragend: Das Geräusch der Motoren fing ich perfekt ein, nur die Künstler zeigten sich kapriziös. Sie gaben sechs Tage lang nicht das geringste »hörbare« Geräusch von sich, keinen einzigen Schrei, keinen Seufzer. Ich glaube, daß es diese Stille war, die mich dazu anregte, das Beobachtungsprogramm für einige Stunden zu ändern. Als ich diese Wale, die uns jeden Tag vertrauter wurden, immer länger von der Brücke aus beobachtete, hatte ich den Wunsch, mit ihnen zu schwimmen. Heute ist es glücklicherweise verboten zu tauchen, da zu viele Menschen kommen, und in der Masse verhalten sie sich unvernünftig. Damals war es nicht wirklich erlaubt, sagen wir, es wurde toleriert, wenn man zurückhaltend war.

Im Morgengrauen des achten Tages machten wir uns in einem altersschwachen Allradwagen mit einem Schlauchboot auf den Weg. Zwei Begleiter wagten mit mir das Abenteuer. Sie waren zwar keine Wissenschaftler – einer war Banker, und der andere leitete ein großes Unternehmen –, aber sie respektierten Tiere und waren gute Taucher. Wir brauchten drei Stunden, um den Strand zu erreichen, an dem wir unser Boot zu Wasser lassen wollten. Zwei Stunden von Schlagloch zu Schlagloch und eine Stunde Aufenthalt in einer Servicestation mitten in der Pampa, um einen geplatzten Reifen zu reparieren. Es war ein Ort, an dem man Schafe, Guanakos und manchmal sogar Gürteltiere antrifft, während Menschen eher selten sind, vor allem solche, die ein Fahrzeug besitzen. Ich weiß nicht einmal mehr, ob man in dieser Servicestation tatsächlich Benzin verkaufte, aber ich werde nie die entsetzten Blicke der Argentinier vergessen, als sie uns drei Außerirdische aus dem Wagen steigen sahen. Bevor wir Puerto Piràmides verließen, hatten wir unsere Neoprenanzüge übergestreift, um uns nicht an einer windigen ungeschützten Küste umziehen zu müssen. Wir trugen zwar keine Schwimmflossen, dennoch sahen wir ziemlich lächerlich aus. Um etwas würdiger zu erscheinen, betraten wir festen Schrittes die Servicestation, während José, unser Führer, Auto- und Zodiacfahrer, den defekten Reifen reparierte. Wir spielten sogar Tischfußball im Taucheranzug, umzingelt von einer Meute ausgezehrter Schäferhunde, die unruhig an unseren Beinen schnüffelten.

Es war zehn Uhr morgens, als wir vom Boot aus nacheinander in das ziemlich frische Wasser der Bucht glitten. Der Wal, dem ich mich nähern wollte, schien regungslos in etwa 200 Meter Entfernung im Wasser zu liegen. Ich fragte mich, wie er reagieren würde, wenn er unsere Gegenwart bemerkte. Würde er uns überhaupt sehen?

Die Antwort ließ nicht lange auf sich warten: Sie hat mich gesehen und kommt auf mich zu! Innerhalb weniger Sekunden hat sie die Entfernung zwischen uns halbiert. Sie muß nur noch 100 Meter zurücklegen, um bei uns zu sein. Das ist sehr wenig. Ich spüre, wie sich meine Kehle zuschnürt, und breite meine Arme aus, um mich auf dem Wasser zu stabilisieren. Mein Taucheranzug trägt mich, und mein Schwimmgürtel erlaubt es mir, problemlos auf dem Wasser zu treiben. Die Strömung ist schwach, das Wasser ziemlich ruhig, und die Wellen der offenen See brechen sich bei Punta Delgada am Ende der Halbinsel. Es ist ruhig und still. Ich halte meinen Kopf über Wasser und verfolge durch meine Taucherbrille hindurch den schwarzen Berg, der sachte auf mich zukommt. Plötzlich ist mir klar, daß ich jahrelang unbewußt auf diese Begegnung gewartet habe. Doch in diesem Moment kann ich trotz meiner jahrelangen Erforschung des Verhaltens von Waltieren nicht sagen, ob ich im Begriff bin, einen Traum zu verwirklichen oder den Preis für eine verrückte Idee zu bezahlen. Das Wasser hat nur 13 Grad, aber ich glaube nicht, daß ich deshalb zittere. Eine Stimme in meinem Innersten sagt mir, daß keine Gefahr droht, daß sich diese riesige Pracht von mir, einem bizarren und tausendmal kleineren Wesen, nicht bedroht fühlen kann. Wenn sie Angst hätte, würde sie sich entfernen. Aber sie kommt auf mich zu, also hat sie keine Angst. Meine innere Stimme schöpft ihre Gewißheit aus der Erfahrung: Wale greifen nicht an, Wale fressen nicht auf. Jonas ist ein Mythos, und Moby Dick war ein Pottwal. Die Stimme sagt es wieder und wieder, aber die Stimme ist so schwach, und ich kann sie kaum hören, weil mein Herz so wild schlägt. Der Wal kommt näher, und ich bemerke, daß er seine Route geändert hat, um einen Bogen um mich zu machen.

Ich drehe mich zu meinen Begleitern um, die sich im Hintergrund halten. Ich hatte ihnen empfohlen: »Keine abrupten Bewegungen, und immer zusammenbleiben. Der Wal muß uns immer gleichzeitig sehen können, er darf sich nicht eingekreist fühlen. Tiere hassen das. Solange er sich sicher fühlt, kann uns nichts geschehen.« Ich weiß nicht, ob ich überzeugend war, es fiel mir schon schwer, mich selbst zu überzeugen.

Auf den Brücken der Forschungsschiffe, die mich von der Arktis bis zur Antarktis mitnahmen, habe ich nie daran gezweifelt, daß Wale, die Barten haben, friedliche Kreaturen sind. Von oben gesehen, ist es leicht zu glauben, aber im Wasser schaut das ganz anders aus. In Reichweite ihrer Schwanzflosse mit einer Spannweite von vier Metern, die ein Boot mit Leichtigkeit zermalmen könnte, schwindet jede Sicherheit. Was ist, wenn der Wal seine riesige Schnauze, seine Kauwerkzeuge, wie eine Wasserschaufel öffnet so wie bei der Nahrungsaufnahme, wenn er zwischen seinen langen Barten Unmengen Wasser filtert, in dem Ruderflußkrebse, die heißgeliebten kleinen Krustentiere schwimmen?

Der Wal umkreist uns dreimal, jedesmal zieht er die Kreise enger. Es ist eine Walkuh. Die Bullen kommen nicht so nah an die Küsten heran. Plötzlich hält sie vor mir inne, nur 20 Meter entfernt. Ich betrachte sie und versuche, ruhig zu bleiben. Ich weiß nicht, ob ich das noch einmal erleben werde.

Jetzt dreht sie sich auf die Seite. Ihre gewaltige Brust zeigt zum Himmel, während sie mir den Rücken zuwendet und sich dann weiterdreht. Ich bewege mich nicht mehr. Sie dreht sich um sich selbst, während sie auf mich zukommt. Es scheint mir, als beobachte ich einen Sattelschlepper, der in Zeitlupe Rollen macht, oder gar eine 15 Meter lange Straßenwalze im Meer. Selbst wenn ich daran denken würde zu fliehen, wäre dies nicht mehr möglich. Sie dreht sich weiter und weiter. Bei jeder Umdrehung sehe ich den großen weißen Fleck auf ihrem Bauch. Noch zwei Umdrehungen, dann ist sie bei mir. Instinktiv halte ich die Luft an. Meine Augen kleben an ihrer Flosse, die wie die Schaufel eines Schaufelrades auf- und absteigt: zwei Meter lang, einen guten Meter breit. Einen Augenblick lang glaube ich, daß sie auf mir aufschlagen und mich erschlagen wird. Aber die Schwimmflosse kommt einige Meter neben meiner Schulter auf dem Wasser auf, so daß ich kaum naß geworden bin. Natürlich ist mir bewußt, daß sie auf den Millimeter genau weiß, wo sie ihren Arm aufsetzt. Im Wasser kann der Mensch Entfernungen nur schwer einschätzen; seine Bewegungen werden ungenau. Aber ein Wal ist in seinem Element. Wenn sie vorgehabt hätte, mich zu berühren, hätte sie dies genauso zart getan wie eine Mutter, die die Wange ihres Kindes mit den Fingerspitzen streichelt.

Sie hat angehalten, und ich sehe deutlich die Schwielen auf ihrem Kopf, ein derbes Kissen, dessen einzigartige Form es Roger Payne und seiner Mannschaft ermöglicht, die einzelnen

Tiere zu unterscheiden, zu klassifizieren und wiederzuerkennen. Sicher hat auch diese hier einen Namen oder zumindest eine Identifizierungsnummer.

Sie ist so nahe, daß ich sie anfassen könnte, aber ich werde mich hüten, dies zu tun. Ich bin der Eindringling. Wenn sie eine Berührung möchte, wird sie die Initiative ergreifen. Sie beobachtet mich wie ein großer Zyklop mit einem einzigen Auge in der Größe einer riesigen Untertasse und einer dicken »Augenbraue« aus Hornhaut darüber, die bestimmte Krebstiere beherbergt. Das andere Auge sieht aufs Meer hinaus. Es liegt auf der anderen Seite ihres enormen Kopfes, an dem in einer großen Kurve ihr endloser Mund entlangläuft. Er erinnert ein wenig an die Züge einer Bulldogge. Sie schließt das Lid und öffnet es wieder. Ihr Blick ist hypnotisierend, er hat nichts mit dem eines Fisches gemein. Hätte ich noch den geringsten Zweifel, daß das Tier vor mir ein Säugetier ist, würde dieser Blick ihn beseitigen. Diese Nähe zu unserer Spezies ist es, die mich Anfang der siebziger Jahre veranlaßte, mich von der Ornithologie abzuwenden und statt dessen Waltiere zu erforschen.

Seit sie ihren Blick in meinen gesenkt hat, ist meine Furcht verflogen. Sie nimmt ihre Bewegung wieder auf, und ich tauche sofort, um sie schwimmen zu sehen. Ihr schwarzer Körper zieht an mir vorüber, als würde er von einem unsichtbaren Faden gezogen. Sie ist so schnell, daß ich ihr nur einige Sekunden folgen kann. Diesmal konnte ich die leichte Bewegung ihrer Schwimmflosse sehen, mit der sie aufgrund perfekter Hydrodynamik in der Lage ist, mit ihrem massigen Körper vorwärts zu schnellen. Nach wenigen Sekunden ist sie weit weg. Ich steige nach oben, spucke das Mundstück meines Schnorchels aus und hole tief Luft, dann kehre ich zu meinen beiden Begleitern zurück, die wieder ins Boot gestiegen sind. Ich bleibe im Wasser und halte mich an der Leine des Schlauchboots fest. Sie bombardieren mich mit Fragen, noch bevor ich die Taucherbrille richtig abgenommen habe.

»Hat sie dich berührt? Warum hat sie sich um sich selbst gedreht? Warum ist sie dir so nahe gekommen?«

Zum ersten Mal duzen sie mich. Konventionen halten einem gemeinsamen Bad mit einem Wal im Südatlantik, 1 500 Kilometer von Buenos Aires entfernt, nicht stand. Ich plansche im Wasser, beantworte ihre Fragen und versuche, möglichst wissenschaftlich zu bleiben, und spreche über die morphologischen Eigenschaften des Glattwals: seine zwei Meter langen Barten, die Form seiner Schwanzflosse, die Schwielen auf Stirn und Kiefer. Der eine fragt mich, warum ich ihr nicht meine Hand hingehalten habe. Ich antworte, daß ich nie die Initiative ergreife, ein Tier zu berühren, obwohl ich feststellen konnte, daß Waltiere in Gefangenschaft es lieben, gestreichelt zu werden, besonders am Kopf oder sogar auf der Zunge. Das trifft auf einige Schwertwale zu, die sich vor Freude aalen, wenn man sich traut, sie an der Zunge zu kitzeln. Wenn ich auf wilde Tiere in Freiheit treffe, überlasse ich es immer dem Tier, den ersten Schritt zu tun. Einfach aus Respekt, aber auch, weil die Berührung mit Waltieren nicht ungefährlich ist. Ihr Tastsinn unterscheidet sich von unserem. Ihre Haut ist zart und empfindlich; die der älteren Tiere trägt unzählige Narben, die viele Verletzungen im Lauf der Jahre hinterlassen haben. Berührt man die feuchte Haut eines Delphins, ist es, als halte man feinste Seide; wenn die Haut aber zu lange der Luft ausgesetzt ist, trocknet sie aus und wird schnell rissig. Unter dieser Verletzung leiden sie schrecklich. Wenn man kranke oder verletzte Tiere transportiert, ist es wichtig, darauf zu achten, sie ständig feucht zu halten oder ihre Haut mit Balsam oder Vaseline einzureiben. Ihre hochspezialisierte Haut hat keine schützenden hornigen Zellen – sie würden die Feinheit der Tastsinne mindern –, sondern sie besteht aus einem System aufwendiger Nervenenden. Diese sind an manchen Körperteilen besonders zahlreich vorhanden, speziell um das Spritzloch herum. Das Tier kann aufgrund der Position seines Spritzlochs ganz oben auf dem Schädel nicht »sehen«, ob es unter Wasser ist oder nicht. Es wird deshalb durch seine Haut, die um diese »Nasenlöcher« besonders innerviert ist, über seine Position informiert. Die Haut nimmt Veränderungen des örtlichen Druckes auf und zeigt dem Tier an, ob es im Begriff ist aufzutauchen. Die Kiefergegend ist ebenfalls sehr empfindlich: Delphine berühren damit unbekannte Gegenstände, die ihre Neugierde hervorrufen. Die Berührung mit der Mandibel gestattet es ihnen aber auch, das Echo hoher Frequenztöne zu empfangen, die sie ausstoßen, um genaueste Informationen über die Art des Gegenstands zu erfahren.

Forschungen haben ergeben, daß die Fähigkeit der speziell strukturierten Lederhaut, Druckveränderungen wahrzunehmen, eine wesentliche Rolle bei der Geschwindigkeit der Fortbewegung spielt: Sie bringt wellenartige mikroskopische Hautveränderungen hervor, welche die durch die Bewegung erzeugten Turbulenzen glätten. Wenn sich das Tier schnell vorwärts bewegt, lösen sich die Wasserfäden und wirbeln um den Körper herum, wodurch sie den Widerstand erhöhen und damit die Geschwindigkeit des Delphins bremsen. Aber die winzigen »Wellen«, die durch den Körper der Waltiere gehen – so wie jene, die man am Strand sieht, wenn das Meer zurückweicht –, verhindern das Entstehen von Turbulenzen. Die Wasserfäden »gleiten« an den Seiten entlang. Auf diese Weise kann der Delphin in der Flüssigkeit gleiten und den Reibungseffekt minimieren.

Einige Minuten lang tauschten wir unsere Eindrücke aus.

»Es ist verrückt, daß sie uns nicht aus dem Weg geht.«

»Wovor sollte sie Angst haben? Kein Räuber wagt sich an sie heran.«

»Immerhin haben wir sie jahrhundertelang gejagt. Und zwar genau hier, einige Seemeilen vom Ufer entfernt. Mir wird klar, warum man sie so leicht abschlachten konnte.«

Ein Superlativ jagt den anderen: wunderbar, phantastisch, überwältigend, unbeschreiblich, unvergeßlich ... In meinem

Innersten wiederhole ich immer die gleichen Worte, als ob ich mich davon überzeugen müßte, daß das gerade Erlebte wirklich geschehen ist: »Es ist geschehen! Ich bin mit einem Wal geschwommen! Das ist einfach toll!« Ich bin im siebten Himmel. Das sieht man mir wohl auch an. Ich habe keine Lust, ins Boot zu steigen, ich fühle, daß es wirklich vorbei ist, wenn ich nicht mehr im Wasser bin. Ich versuche, das Gefühl der freudigen Erregung festzuhalten. Plötzlich zeigt José aufs Meer hinaus.

»*Mira!* Seht, sie kommt wieder. Sie kommt wirklich wieder!«

Er hatte sich nicht getäuscht. Die Walkuh hatte sich entfernt, war dann aber umgekehrt, weil sie nochmals einen Blick auf diese seltsamen Fremden werfen wollte. Als sie nur noch 40 Meter vom Boot entfernt ist, macht sie einen Bogen und legt sich auf die linke Seite, um uns genau sehen zu können, wenn sie uns erreicht hat. In dieser Haltung mit angelegter Brustflosse steigt die Hälfte der Schwanzflosse mehr als einen Meter über die Oberfläche empor. José hält sich am Hebel des Außenbordmotors fest, und meine Begleiter kauern sich hinten auf den Boden.

»*Cuidado*, Anna, sie kommt auf dich zu!«

Ich habe es schon gesehen und bin zuversichtlich. Ich kann sowieso nichts unternehmen, um wegzukommen, und ich werde nichts tun, was sie erschrecken könnte. Ich ziehe nur die Beine an, damit sie nicht zu tief gehen muß. Vor allem möchte ich sie noch einmal aus der Nähe sehen. Langsam zieht sie unter mir vorbei und beobachtet aus zwei Meter Entfernung unser Schlauchboot, das sie leicht für einen Strandball halten könnte. Man hat schon oft Südkaper gesehen, die mit ballonartigen Gegenständen spielten. Meistens stupsen sie sie mit der Schnauze. Diese hier scheint nicht zum Spielen aufgelegt, sie gibt sich damit zufrieden, sehr langsam vorbeizuziehen.

Ganz plötzlich begreife ich, was passieren wird, und schaudere. Die Walkuh liegt immer noch auf der Seite, um uns besser zu sehen, und das große schwarze Dreieck ihrer Schwanzflosse ragt immer noch aus dem Wasser. Sie kommt auf mich zu, ohne mir auszuweichen. Instinktiv lasse ich die Leine des Bootes los und nehme meine Beine so weit wie möglich auseinander, damit der harte Gummi meiner alten Schwimmflossen sie nicht aufkratzt. Plötzlich fühle ich ihre Schwanzflosse im Rücken und lasse mich zehn Meter weit tragen. Rücklings auf einem Leviathan! Ich bin nur eine kleine Feder auf ihrem Rücken, aber sie spürt mich, dreht sich und taucht langsam. Sorgsam, um mich nicht zu verletzen, setzt sie mich wieder an der Oberfläche ab und verschwindet.

Zehn Sekunden. Es waren nur zehn kurze Sekunden, aber diese Sekunden werden mir im Gedächtnis bleiben als eine der schönsten Erinnerungen meines Lebens, der überwältigendsten Erfahrungen meiner Laufbahn.

Als ich nach meinem Ritt wieder im Schlauchboot bin, beobachten meine Begleiter mich schweigend, als käme ich von einem anderen Stern, stigmatisiert. Zweifellos habe ich das selige Lächeln eines Kindes, das wunschlos glücklich ist. Ich setze mich hinten ins Boot. José läßt den Außenborder an, und der Motor heult auf. Wir entfernen uns. Jeder Kommentar ist überflüssig. Die Zeit drängt, dieser Küstenbereich gilt als Naturreservat, und wir dürfen hier nicht länger bleiben.

Als wir eine Seemeile in Richtung Küste gefahren sind, schreit einer meiner Begleiter:

»Da ist sie wieder. Sie bläst!«

Sie steigt in einer Fontäne aus dem Wasser empor und schwimmt dann etwa 100 Meter entfernt parallel zu uns. Als Wissenschaftlerin erlege ich mir natürlich eine gewisse Sachlichkeit auf, was die Interpretation von Tierverhalten betrifft, aber an diesem Tag habe ich keine Ahnung, was in dem Gehirn dieses Wales vorgeht. Für die Legende will ich gerne annehmen, daß sie uns begleiten wollte, weil sie verstand, daß wir fortgingen. Sie scheint uns sogar ein noch eindrucksvolleres Andenken mitgeben zu wollen, da sie beschließt zu tauchen. Einige Sekunden lang ist sie verschwunden, dann bricht ihr Kopf durch die Oberfläche, und sie steigt hoch, atemberaubend, ihr ganzer Körper hebt sich vollständig aus dem Wasser, bevor sie sich klatschend auf die Seite fallen läßt. Ein Sprung von phantastischer Kraft. Wir stoßen gleichzeitig einen Schrei der Bewunderung aus, sogar José. Das Schauspiel ist überwältigend. Als die Welle, die sie ausgelöst hat, uns erreicht, tanzt das Boot wie eine Nußschale. Wir haben kaum Zeit, uns festzuhalten und das Gleichgewicht wiederzufinden, da fängt sie schon wieder an. Ein zweiter Sprung fast wie der erste. Und dann ein dritter, ein vierter. Sie hat ihre Geschwindigkeit unserer angepaßt und springt jedesmal auf unserer Höhe in respektvoller Entfernung, damit wir ihr Spiel nicht als Einschüchterungsversuch ansehen. Wir schreien vor Freude wie Kinder bei einem Feuerwerk.

»Fünf, sechs, sieben, acht, neun. Weiter, weiter!«

Wir haben zwölf Sprünge gezählt. Zwölf Sprünge hintereinander, einer so kraftvoll wie der andere, zum Weinen schön. Ihr Emporschießen ist wie ein majestätischer Gruß, der unvergeßliche Abschied des Riesen. Ich glaube, daß ich Tränen in den Augen habe, zu viel ist in der letzten Stunde passiert.

Dann sind wir an den Strand zurückgekehrt, haben das Schlauchboot auf den Allradwagen aufgeladen und sind nach Puerto Piràmides zurückgefahren. Wir haben die Geschichte den Mitgliedern unserer Mannschaft erzählt, aber ich glaube nicht, daß wir vermitteln konnten, was wir empfanden. Vielleicht kann man das nicht beschreiben. Dennoch weiß ich, daß niemand von dieser Begegnung unberührt geblieben ist. Meine Begleiter haben sicher genau wie ich irgendwo in ihrem Gedächtnis das wohltuende Bild dieser unverletzlichen Kreatur aufbewahrt, die Kraft und Gelassenheit in völliger Freiheit vereinte. Diese Erinnerung ist ein radikales Mittel gegen Monotonie, und ich hüte sie wie eine innere Flamme, die die tägliche, oft mühsame, eintönige und manchmal entmutigende Arbeit eines Wissenschaftlers erhellt.

Ich erlebte meinen Ritt nicht als mystischen »Kontakt«, und ich bin nicht dafür, daß Waltiere, Wale oder Delphine, als Heilige angesehen werden, was teilweise von Unwissenheit, sprich Dummheit, herrührt. Manchmal führt dies zu genau kalkulierten Unternehmungen, deren Ziele schlicht politisch oder eigennützig sind. Außerdem respektiere ich Tiere zu sehr, als daß ich sie verfolgen könnte wie eine Sammlerin großer Empfindungen. Meine Ambition beschränkt sich nicht auf einige Tauchgänge in allen Meeren der Welt, in denen sich Wale während ihrer Migration aufhalten. Meine Forschertätigkeit dient in erster Linie dazu, sie zu verstehen und nötigenfalls zu verteidigen, wenn sie wirklich in Gefahr sind. Es ist nicht immer einfach, dies abzuwägen. Ich weiß, daß ich immer zehn- oder hundertmal mehr Zeit vor meinem Computer oder Mikroskop verbringen werde als in den Buchten des Südatlantiks.

Deshalb kehre ich, wenn meine Walkuh es möchte, gern dorthin zurück, schon morgen, einfach nur so, zum Spaß. Meine Koffer sind gepackt. Ich stehe ihr für einen neuen Tanz zur Verfügung, weil der erste beunruhigend, spontan, intensiv und vor allem sehr angenehm war. Weil dieser Wal mir Kraft gab und immer noch gibt wie alle Tiere, mit denen ich im Laufe meiner Reisen in Kontakt gekommen bin: die zurückhaltenden Seehunde der Madeleine-Inseln, das verirrte Walroß von Saint-Palais-sur-Mer, der schlechtgelaunte Pottwal im Golf von Biskaya, die ängstlichen Narwale in der Arktis, die lüsternen See-Elefanten an der argentinischen Küste, die frechen Schwalben von Patagonien, die jähzornige Ohrenrobbe des Deception-Kraters und viele andere. Sie leben in mir und treiben mich an wie die außergewöhnlichen Menschen, denen ich glücklicherweise begegnen durfte: die besessenen Thunfischfänger in Vigo, die bierliebenden Cambridge-Studenten, die schiffbrüchigen polnischen Seeleute in Spitzbergen, die Retter der Butzköpfe in

Kerguelen, die entzückten Kinder auf der *Fleur de Lampaul*. Unser Planet ist unglaublich schön und lebendig. Ich werde nie müde, ihn zu beobachten und von überwältigenden Landschaften, einer Felsstruktur und der Kraft der Elemente, die ihn bearbeitet haben, ergriffen zu sein, ich werde mich immer von magischen Lichtern, anrührenden Blumen oder leuchtenden Flechten, eigenartigen Tieren und aufregenden Menschen hinreißen lassen. Diese Schönheit nährt mich, sie ist für mich eine Quelle der Kraft, die wichtiger ist als die köstlichen Speisen, die ich verschlinge. Und ich bin weiß Gott ein Leckermäulchen.

Wenn meine Überzeugung, den richtigen Weg gewählt zu haben, nach zehn Stunden am Mikroskop oder drei Tagen Besprechung für einen Konsens, den man in zwei Stunden hätte erreichen können, schwindet, eilt das pure Leben immer wieder zu meiner Rettung herbei.

3.

Ein Meer voller Delphine…
und ihre Geister

Hoch oben auf der Saling [Plattform am Mast] sieben Meter über der Brücke sah ich, wie der Golf von Biskaya kochte. Rings um das Segelschiff brodelte das Meer, soweit das Auge reichte. Obwohl kein Lüftchen wehte, war die Oberfläche mit Schaumkronen bedeckt, als ob heftige Windstöße aus verschiedenen Richtungen sie gepeitscht hätten. Hunderte Rückenflossen durchbrachen im Morgengrauen gleichzeitig die Oberfläche. Delphine! Zehntausende Delphine bis zum Horizont! Ich befand mich mitten in einer der größten Zusammenkünfte, die man je vor den Küsten Frankreichs beobachtet hat. Ich hatte so ein Schauspiel noch nie gesehen und wußte, daß ich es wahrscheinlich nie wieder erleben würde. Es war einfach unvorstellbar.

Eine halbe Stunde vorher, als ich mich mit der Zahnbürste bewaffnet aus der Messe [Schiffskantine] gequält hatte, um mich zur wachhabenden Mannschaft im Cockpit zu gesellen, hatte ich trotz meiner beiden Pullover und des Ölzeugs gefröstelt. Es war wirklich frisch, und ich hatte das Gefühl, daß der Tag nichts Gutes bringen würde: wenig Seegang, fast kein Wind, kleine Wellen, ein bleierner Himmel, alles grau in grau. Die klassische Maiflaute, die unseren Skipper in schlechte Laune versetzte. Seit etwa 30 Stunden waren wir auf See und bewegten uns mit drei Knoten im Schneckentempo auf einem rassigen Segelboot, einem für Regatten gebauten *half-tonner,* der seine Mannschaft angeblich beim geringsten Lufthauch durchnäßt.

Wir waren am Vorabend in Brest gestartet und hatten gehofft, am frühen Nachmittag die Durchfahrt von Antiochia zu passieren, aber wenn die Flaute anhalten sollte, war es nicht ausgeschlossen, daß wir erst nach Mitternacht am Quai festmachen würden. Wir hätten dann nur einige Stunden Zeit, um uns vor Beginn der ersten Regatta am frühen Morgen des nächsten Tages zu erholen.

1977 fand während der »Semaine de la Rochelle« vom Himmelfahrtswochenende bis zum Pfingstwochenende noch ein Rennen nach dem anderen statt. Es war ein einziger Wettkampf, ein einziges Fest, auch wenn die Zeit der heroischen Gelage, teils auf dem Wasser, teils in den Bars am Hafen, zu Ende ging. Die Zukunft gehörte den Profisportlern, die zeitig zu Bett gehen und sich manchmal zu wichtig nehmen. Uns stand die Prüfungszeit bevor. Wir wollten die Gischt spüren, bevor wir die Kartentische gegen Hörsäle und den Kater gegen rauchende Köpfe tauschten.

Ich war gerade im Begriff, wieder in den Mannschaftsraum hinunterzusteigen, um unsere drei Mannschaftskameraden zu wecken und Kaffee zu machen, als der Skipper mürrisch sagte:

»Schau, da sind Delphine.«

Die Gruppe, die er gesichtet hatte, bewegte sich steuerbord vor dem Segler. Es waren sechs etwa zwei Meter lange Tiere, gewöhnliche Delphine, wie man an ihrer seitlichen Rückenfärbung in schwarz, ocker und grau erkennen konnte. Sie schwammen sehr schnell und kreuzten unsere Route in einem Winkel von 45 Grad. Es war zwar nicht meine erste Begegnung mit Waltieren auf dem Meer, aber mein Interesse für sie war erst in den letzten Monaten erwacht. Wir, eine Handvoll Kommilitonen der Meeresbiologischen Fakultät, hatten es uns zur Gewohnheit gemacht, an den äußersten Zipfel der Bretagne zu fahren, um die dort heimischen Meeressäugetiere zu beobachten. Wir hatten schon mehrmals bei dem Versuch, uns Seehunden zu nähern, gestrandete Delphine gefunden. Auf der Suche nach Literatur zur Unterstützung unserer Beobachtungen hatte ich festgestellt, daß sehr wenig über sie bekannt war. So wenig, daß wir Unwissenden aus unserer Liebhaberei etwas Sinnvolles machen konnten.

»Sieh, es sind auch welche backbord.«

Ich hatte mich umgedreht und entdeckte zwei andere, noch größere Gruppen der gleichen Spezies. Etwa 15 Erwachsene, Jugendliche und Junge.

»Sie sind auch hinter uns und vor uns.«

Zuerst war ich neugierig gewesen, aber dann hatte ich das seltsame, fast beunruhigende Gefühl, daß dies nicht mit rechten Dingen zuging. Ich hatte das Cockpit verlassen, um zum Vorderdeck zu gelangen. Drei Fleckendelphine mit schmalem, weiß geflammtem Körper versuchten, auf unserer Bugwelle zu surfen, aber unsere Geschwindigkeit war zu langsam, um sie längere Zeit begeistern zu können. Ich hatte mich daraufhin auf dem Klüverbaum postiert, von wo aus ich etwa zehn Gruppen beobachten konnte, gewöhnliche Delphine und Fleckendelphine. Dann hatte ich beschlossen, auf den Mast zu steigen, um Höhe zu gewinnen. Man hatte mir den Mastkorb gereicht, den man für Reparaturen an den Masten verwendet, wenn die Takelage reißt oder die Hißtaue klemmen. Der Korb steht im Cockpit immer griffbereit. Ich hatte mich hineingesetzt und das Gurtzeug an einem Hißtau befestigt. Meine Kameraden hatten das andere Ende des Tampes [kurzes Stück Tau] am Winsch [Winde zum Heben schwerer Lasten] aufgerollt und mich wie ein Segel hochgezogen, bis ich mich auf der Saling niederlassen konnte. Da sprangen die ersten Delphine gerade aus dem Wasser. Ein Aufwallen von Leibern, ein Springen, wohin das Auge blickte.

Ich war sprachlos. Woher kamen sie? Wohin gingen sie? Warum versammelten sie sich hier? Wir wußten damals nur, daß Delphine nicht immer in Schulen leben, sondern eher in kleinen Gruppen, einer Art Familienklan. Sie sind keine Migranten, die ähnlich den Walen einem genetischen Programm unterworfen

sind, das ihnen vorschreibt, bestimmten »Routen« zu folgen, um
zu festgelegten Revieren zu gelangen – es sind immer die gleichen zu den gleichen Zeiten –, wo sie sich ernähren oder fortpflanzen. Diese springenden Massen waren weder einem Stor-
chenflug noch einer endlosen Prozession afrikanischer Gnus
gleichzusetzen. Später war es mir aufgrund meiner eigenen
Erfahrungen und der Beobachtungen der Fischer sowie der
Besatzungen von Vergnügungsschiffen möglich, den Grund der
Wanderungen im Nordatlantik zu verstehen. Sie haben nichts
mit Auswanderung, sondern eher mit dem Leben von Nomaden
zu tun. Diese Populationswanderungen sind zwar nicht so regelmäßig wie Migrationen, dennoch konnte ich eine saisonale
Bewegung von Nordost nach Südwest nachweisen. Im Frühling
kommen die Delphine vom Golf von Biskaya, um sich im Iroise-
Meer am Rand der Kontinentalplatte zu versammeln. Dort fällt
das Meer abrupt ab und ist um diese Zeit sehr fischreich. Delphine sind Räuber, die ihrer Beute folgen. Schon lange Zeit vorher haben sie eine »Karte der guten Plätze« für die Jagd auf Sardinen oder Stöcker – je nach Saison – erstellt. Im Winter kehren
sie in den Golf von Biskaya zurück. All das wußten wir 1977
noch nicht, und es beschäftigte mich so lange, daß ich das
Bedürfnis hatte, es zu verstehen und es vier Jahr später in meiner
Doktorarbeit über Biologie und Fortpflanzung gewöhnlicher
Delphine festhielt.

Aber hoch oben auf der Saling war ich einfach nur völlig
durcheinander, weil dieses Schauspiel etwas Übernatürliches
hatte, ähnlich einem Nordlicht oder Vulkanausbruch. Solche
wunderbaren oder tragischen Ereignisse sind Manifestationen
einer unbekannten Kraft des Universums. Die Versammlung
hier war so kompakt, daß ich nicht mehr wußte, ob das Meer sie
trug oder umgekehrt. Der Ausbruch einer mysteriösen Energie,
einer wilden Schönheit, die Legenden beflügelt. Dieses dionysi-
sche Brodeln weckte in mir Erinnerungen an eine Mythologie,
die mich als Kind begeistert hatte: die des riesigen Delphins,

Schoß der Welt, in dessen Gestalt Apollo schlüpfte, um die Menschen zu täuschen; die der Qualen von St. Lucianus von Antiochia, dessen Kadaver den Ungeheuern der Unterwelt zum Fraß vorgeworfen und dann von Delphinen auf die Erde zurückgebracht und auf einem Strand abgelegt wurde, damit die Menschen ihm ein anständiges Begräbnis geben konnten. Es schien mir, als würde vor meinen Augen das Fresko der Delphine im kretischen Palast von Knossos lebendig. Ich dachte an die aufrührerischen Seefahrer des antiken Griechenland, die in Delphine verwandelt wurden, um den Schuppenwagen des Gottes der Tiefsee zu ziehen. Ein Wunder der Natur kann im Bruchteil einer Sekunde 3000 Jahre Märchen zum Leben erwecken.

Und, auf unmerklichere Art, ein ganzes Leben bestimmen.

Winter 1996/1997: 20 Jahre sind vergangen. Im Forschungszentrum für Meeressäugetiere in La Rochelle hört, sobald bei Tagesanbruch das Telefon läutet, jede Aktivität abrupt auf. In den Büros spitzt man die Ohren, während Isabelle, unsere Assistentin, telefoniert. Und man hofft, ohne wirklich daran zu glauben, daß es nicht wieder eine schlechte Nachricht ist.

»Ja, da sind Sie richtig. Woher rufen Sie an? Wo genau haben Sie sie gesehen? Wie viele Tiere? Sie sagten sechs? Wir kommen. Danke, daß Sie uns verständigt haben.«

Enttäuschte Hoffnungen: Wieder sind Tiere gestrandet. Meine Mitarbeiter sind schon bei der Arbeit. Sie sind nicht einmal im Zentrum vorbeigekommen, bevor sie sich heute morgen auf den Weg gemacht haben. Schon am frühen Morgen sind sie zu den Stränden von Landes, Gironde, Charente-Maritime, Vendée oder Loire-Atlantique gefahren. Auch ich muß heute wieder daran glauben. Ich empfinde nichts mehr, weder Furcht noch Ärger oder Traurigkeit. Ich bin nur entmutigt wie noch nie zuvor und erschöpft von den 500 – 600 Kilometern, die ich seit zwei Wochen täglich und an den Wochenenden zurücklege. Der Gedanke aufzugeben kommt mir nur für einen Augenblick. Ich kann die Freiwilligen in unserem Gebiet, die uns jahrein, jahraus helfen, ohne auf die Uhr zu sehen, nicht enttäuschen. Ich habe kein Recht dazu. Sie warten darauf, daß ich mich kümmere, und das werde ich auch tun.

Ich muß nur noch den Sezierkoffer holen, Stiefel, Handschuhe und Regenzeug in mein Auto werfen und im Regen losfahren, bis ich zu einem einsamen Strand komme. Ich beiße die Zähne zusammen, weil ich weiß, was mich erwartet: sechs Kadaver in mehr oder weniger fortgeschrittener Verwesung. Vielleicht kann ich nicht einmal mehr die Art bestimmen, der sie angehören. Zweifellos besitzen sie keine Schwanzflosse mehr, oder ich muß einen Nylonfaden, der sich um ihren Schwanzstiel geschlungen und sich in die Haut eingegraben hat, durchtrennen. Auf in das Grauen.

Es ist Anfang März. Der erste Anruf, der uns über ein totes Tier informierte, kam am 13. Februar. Und seit diesem Tag steht das Telefon nicht mehr still. In drei Wochen haben wir 629 Delphinkadaver gezählt, die zwischen Bayonne und Brest an der Atlantikküste gestrandet sind. Einige Wochen später werden es über 700 sein. An einem einzigen Tag hat der Wächter von Banc d'Arguin, als er mit seinem Allradwagen die Strände abfuhr, 70 tote Tiere aufgelistet, und zwar gewöhnliche blaue und weiße Delphine, Grindwale und sogar die ganz seltenen Tümmler. Ein pensioniertes Paar von der Insel Oléron, treue Anhänger des Zentrums, hat 50 Kadaver gefunden, mehr Delphine, als es in seinem ganzen Leben gesehen hat. Zwei Wale sind auch umgekommen, der eine ein neugeborener Finnwal, der sich in einem alten Netz verfangen hatte. Hunderte gefangener, erstickter, verstümmelter Tiere, weggeworfen wie Abfall. Schon 1989 hatten wir Hunderte Opfer gefunden. Aber dieses Mal ist es ein wahres Blutbad oder zumindest ein winziger Teil des Massakers, den das Meer freigibt.

Jeden Winter von Februar bis März und manchmal auch von Januar bis April schwemmt das Meer Delphinkadaver an die

Atlantikküste. Wir haben diese Zeit irgendwann »Saison des Strandens« genannt. In ihr folgt ein Tief auf das andere. Sie entstehen alle im Westen. Zuerst bläst der Wind aus dem Südwesten, dann aus dem Westen und schließlich aus dem Nordwesten, dabei entsteht ein hoher Seegang, der alles, was schwimmt, auf Frankreich zu treibt: abgerissene Algen, alte Netze, Treibholz, Abfälle oder verlorengegangene Schiffsfrachten. Auf diese Weise bringen Wellen Hunderte Basketballschuhe, Farbtöpfe oder sogar Sprengköpfe mit. Wenn die Stürme weit draußen auf dem Meer entstehen, wenn sie kurz sind und zeitlich auseinander liegen, gibt es an unseren Stränden weniger Abfall. Wenn jedoch wochenlang ein Tief auf das andere folgt, womöglich zeitgleich mit großen Fluten, kann die »Ausbeute« aufgrund des ständigen Seegangs und vor allem der starken Strömungen, die 100 Kilogramm schwere Tiere vom Boden aufnehmen und zur Küste schieben können, außergewöhnlich sein. Während meiner Arbeiten an den Kadavern sah ich 20 − 30 Kilogramm schwere Steine stranden, an denen Blattang haftete, Algen, die in zig Meter Tiefe wachsen. Die Strömung hatte sie herausgerissen und vielleicht mehrere Kilometer weit transportiert, bevor sie sie uns vor die Füße warf. Solche natürlichen Vorgänge erklären, warum wir in diesem Winter mit Delphinen überschwemmt wurden. Aber sie haben ihren Tod nicht verursacht, sie haben nur die außergewöhnliche Sterblichkeit der Waltiere aufgezeigt, indem sie diese an die Küste brachten. Verantwortlich sind die Menschen, nur die Menschen. All diese Tiere sind Opfer der Unbekümmertheit, der Dummheit des menschlichen Geistes, der das Schlimmste erfindet und dabei glaubt, das Beste zu tun.

Man muß sich ein pelagisches Schleppnetz wie einen riesigen Trichter vorstellen: bis zu 400 Meter weit und 900 Meter tief. Ein Riesenschlund! Man muß sich vorstellen, daß dieser Trichter von zwei Schiffen gleichzeitig gezogen wird wie ein Pflug von einem Paar Ochsen, weil es keinen Trawler gibt, der stark

genug wäre, diese gigantische Reuse hinter sich herzuziehen.
Dieses Material ist viel zerstörerischer als die oft verschrieenen,
manchmal verbotenen Treibnetze, welche offensichtlich viel
geringere Schäden verursachen. Wollte man sie mit Waffen ver-
gleichen, wäre das Treibnetz eine Schrotflinte und das pelagische Schleppnetz ein schweres Maschinengewehr. Die Flinte
kann in der Hand eines Tölpels tödlich sein, aber sie bleibt
selektiv. Das Maschinengewehr dagegen hält sich auch in der
Hand eines Experten nicht mit Kleinigkeiten auf. Ebensowenig
das pelagische Schleppnetz. Es nimmt auf seinem Weg alles
mit.

Bevor es erfunden wurde, zog man das klassische viel kleinere
Schleppnetz entweder an der Oberfläche oder auf dem Boden
entlang. Künftig kann die Razzia in jeder Tiefe erfolgen. Die
elektronischen Suchgeräte der Schiffe finden die Fischbänke,
und schon wird der Trichter hinuntergelassen. Auch wenn die
Fischer nur auf der Jagd nach Seehechten oder Sardellen sind,
das Schleppnetz rafft alles zusammen einschließlich der Arten,
die man früher nur selten einfangen konnte, wie z. B. Kaiser-
oder Grenadierfische, die in einigen hundert Metern Tiefe
leben. Es sind so unappetitliche Tiere, daß man sie ohne Kopf
als Filet verkauft. Und wenn das Schleppnetz alles mögliche auf-
gesammelt hat, wenn alle Fische auf einem Haufen liegen, werden die Unbrauchbaren en bloc wieder ins Meer geworfen, weil
man auf solchen schwimmenden Fabriken keine Zeit zum Sortieren hat. Man wird den »überflüssigen« Fang umgehend los,
um das Schleppnetz gleich wieder auszuwerfen. Tonnen toter
Fische gehen über Bord. Eine monströse Verschwendung.
Selbst wenn der Tod der Meeressäugetiere die öffentliche Meinung bewegt, wer macht sich schon Gedanken über die unmäßi-
ge Ausbeutung des Seehechts oder der Sardelle? Wer demon-
striert, um den Hering vor der Ausrottung zu bewahren? Obwohl sein Verschwinden auch das der Delphine, ihrer Räuber,
die dann nichts mehr zu fressen hätten, nach sich zöge. Und was

wird aus den Fischern selbst, wenn es nichts mehr zu fischen gibt? Man könnte dann ein Netz herstellen, das so groß wie der Golf von Biskaya wäre und von allen Fischerbooten der Atlantikküste gezogen würde, es bliebe leer, wenn das Meer leer wäre. Dann wird es uns leid tun. Zu spät. Die Fischer wissen es übrigens. Sie kennen das Meer besser als jeder andere. Sie lieben es, auch wenn sie es manchmal fürchten. Sie sind für diese Flucht nach vorne nicht verantwortlich, die sie irgendwann ins Nichts führen wird, wenn sie immer weitergeht. Sie sagen es selbst ganz deutlich: »Wir machen diese verrückte Arbeit, um hoffentlich genug Geld zu verdienen, damit wir unseren Söhnen ein Studium zahlen können, weil sie nichts mehr zu fischen haben werden und die Arbeit zu hart geworden ist. Das Meer macht uns keine Angst, sondern die verrückte Welt, die uns zwingt, die Meere abzugrasen, damit wir vielleicht ein paar Pfennige verdienen.« Die Verantwortlichen, das sind Sie und ich, die für Fisch nicht mehr bezahlen wollen oder können. Also kauft man für 50 Francs pro Kilo Fisch aus der Fischzucht, die umweltschädlich ist und Buchten und Mündungen genauso verseucht wie die Aufzucht der bretonischen Schweine, die Flüsse und Grundwasser kaputtmacht. Oder man bekommt Fisch aus dem pelagischen Schleppnetz, für den der Fischer kaum zehn Francs pro Kilo erhält, der aber fünfmal teurer auf den Ladentisch kommt: Fischgroßhändler, Transporteure und Fischhändler müssen auch leben. Aber der Besitzer des Fangs muß verdammt produktiv sein, um am Monatsende noch zurechtzukommen, wenn er die Matrosen, das Benzin, die Wechsel für das Schiff und die laufenden Kosten bezahlt hat. Also läßt er sich vom neuesten pelagischen Schleppnetz verführen, das noch größer als das vorherige ist, besonders wenn es vom Staat oder Europa subventioniert wird. Man sagt ihm, daß er mehr fischen muß, billiger, rentabler. Er macht das gleiche wie seine Freunde, er beschafft sich dieses monströse Gerät, das die Meere abgrast. Wenn er es nicht tut, dann eben der Nachbar. Mit diesem Argument versucht

man, die Schuld von sich zu weisen. Ich habe mehrere Seeleute
kennengelernt, die ihren Beruf nicht mögen, es ist ihnen pein-
lich, sie schämen sich fast, so zu fischen. Aber was sollen sie
sonst tun? Wie dem Druck der Bank begegnen, die ihre Wechsel
verlangt, wie die phänomenalen Subventionen für die neueste
Ausrüstung ausschlagen? Wie der höllischen Konkurrenz standhalten, wie der Hausfrau oder dem Direktor des Supermarkts
erklären, daß sie für Fisch mehr bezahlen müssen?

Deshalb sind auch wir verantwortlich, vom einfachen Ver-
braucher bis zum Politiker, der die Entscheidungen trifft und
sich dabei in der Zwickmühle zwischen seinen Wählern, die er
umwerben muß, und den Lobbies, die er nicht verärgern darf,
befindet. Es ist zu einfach, die Landwirte anzuklagen, daß sie
die Flüsse verunreinigen, nachdem man sie 20 Jahre lang ani-
miert hat, Dünger und Pestizide zu verwenden. Es ist zu einfach,
mit dem Finger auf die »bösen« Fischer zu zeigen, die die Fischbestände ausrotten und die »netten« Delphine töten, wenn man
ihnen Prämien dafür bietet, daß sie ihr traditionelles Fischer-
boot verschrotten, und Subventionen für den Kauf dieser mon-
strösen Geräte. Und wen wird man anklagen, wenn die Meere
aufgrund der Überfischung und Verschmutzung leer sind?
Wozu wird ein Sündenbock gut sein, wenn es für eine Umkehr
zu spät ist?

Noch sind wir nicht soweit, aber wir sind nicht mehr weit
davon entfernt. Bisher hat die Verschwendung nur den Geruch
der Kadaver von Meeresschildkröten oder Delphinen, die auf
den Schuttplätzen von Saint-Palais-sur-Mer in der Nähe von
Royan, in Saint-Gilles-Croix-de-Vie oder anderswo aufgetürmt
werden. Manchmal habe ich den Eindruck, mehr Müllhalden
als Strände zu besuchen. Es ist schrecklich, die einst herrlichen
Tiere verwesend, halb aufgefressen auf einem Haufen liegen zu
sehen. Man muß sich eine Art mentalen Panzer zulegen, um
nicht zu weinen, zu schreien, sich zu übergeben. Um darin her-
umzuwühlen, ihre Zähne zu ziehen, um die Zeit ihres Todes zu

bestimmen, die Organe der am wenigsten verwesten Tiere zu entnehmen. Man muß Ekel und Zorn überwinden, um alles zu beobachten, aufzuschreiben, den Freiwilligen zu danken, den Neugierigen zu erklären, was passiert ist, die Tiere zur Verbrennung freizugeben, wenn es erbeten wird... Um weiterhin die Augen offenhalten zu können, weil es so abscheulich ist.

Wie oft habe ich mir das Leid dieser Tiere vorgestellt, wenn ich, wie in Trance, von den Massengräbern zurückkehrte. Im Winter jagen sie, ebenso wie unsere Fischer, Fischschwärme in der Nähe der Küsten. Es sind ganze Herden von zehn, zwanzig oder dreißig Delphinen, die mit ihrer Beute im pelagischen Schleppnetz gefangen werden. Sie geraten in Panik, sind nicht in der Lage, die Öffnung der Reuse zu finden. Dann gehen sie zugrunde. Bei Waltieren geschieht das Atmen nicht reflexartig, sondern bewußt. Delphine »schlucken kein Wasser« und ertrinken nicht, denn sie wissen, daß sie unter Wasser nicht atmen dürfen. Sie ersticken an Sauerstoffmangel, wenn sie in einem Fischgerät eingeklemmt werden. Wenn das Schleppnetz hochgezogen wird, können die Fischer nur noch die unförmigen ungenießbaren Fänge ins Meer zurückwerfen, da es sich um geschützte Arten handelt, die nicht verkauft werden dürfen. Aber ein ausgewachsener Delphin wiegt ungefähr 100 Kilogramm, und seine glatte Haut macht ihn zu einem schlüpfrigen Torpedo. Man legt ihm also eine Schlinge um die Schwanzflosse, hebt ihn mit einer Winde an und schneidet dann die Schlinge ab, um ihn über Bord zu werfen. Oder man schneidet die Schwanzflosse ab, um einen Meter Schnur zu sparen. Manchmal schlitzt man das Tier auf, damit es nicht an die Oberfläche steigt, wenn sich seine Innereien mit Luft füllen, und damit der Seegang es nicht zur Küste treibt und niemand je erfährt, wie es gestorben ist. Drei Viertel der Tiere, die wir im Winter 1996/97 an den Stränden fanden und die noch nicht so verwest waren, daß eine zuverlässige Beobachtung sinnlos gewesen wäre, trugen das Zeichen ihrer Gefangennahme: eine Schnur in der Haut oder einen sauber abgetrennten Schwanz. Ich habe nicht den geringsten Zweifel am Ursprung dieser »neuen« Sterblichkeit, welche die Delphine an unseren Küsten gefährdet und deren Ausmaß durch die außergewöhnlichen Wetterbedingungen aufgedeckt wird. Ohne wissenschaftliche statistische Untersuchung kann der Umfang der Verluste nur geschätzt werden: Sicherlich sind es 5 000 bis 10 000 Delphine jeden Alters und Geschlechts, die jährlich in den Fanggeräten des Golfes von Biskaya umkommen.

Jedes Jahr wird etwa die gleiche Anzahl Tiere, die ich fast auf den Tag genau vor 20 Jahren auf einmal, lebendig, großartig und frei um mein Segelboot springen sehen durfte, massakriert.

4.

Vom Land ins Meer

»Stellt euch einen Wolf vor. Einen sehr dicken Wolf, fast so kräftig wie ein Bär, mit einer langen Schnauze und dem Maul eines Räubers, gespickt mit kräftigen Zähnen: scharfe Schneidezähne, stählerne Fangzähne und mahlende Backenzähne. Sein Fell ist vielleicht rötlich. Er hat einen langen Schwanz, aufgestellte Ohren und eine kräftige Muskulatur. Stellt euch vor, daß dieser Wolf in einem Sumpf auf Beute geht, weil in der Gegend, in der er heimisch ist, Fische seit Jahrtausenden die Hauptnahrung seiner Spezies sind. Er nähert sich geräuschlos, springt, taucht sein Maul in das schlammige Wasser und packt mit seinen Fangzähnen einen zappelnden Fisch. Dieser seltsame Wolf mit Hufen statt Krallen an den Pfoten ist ein Mesonychid, ein Säuge- und Raubtier des Eozäns. 50 Millionen Jahre vor unserer Zeit lebten Mesonychiden in den Feuchtgebieten Europas am Rande des Ozeans, der damals unser Mittelmeer einschloß. Diese Gebiete haben ihr Überleben seit dem Verschwinden der großen Reptilien aus der Kreidezeit begünstigt. Sie lebten auch in Asien und Nordamerika. Ganz langsam müssen Mesonychide begonnen haben, mehr Zeit im Wasser als an Land zu verbringen und sich ihrer neuen Umgebung anzupassen. Stellt euch vor, daß diese Jagdszene vor langer, langer Zeit auf wundersame Weise gefilmt wurde. Nun, dieser große fischfressende Wolf, den ihr tauchen, fischen und seine Beute auffressen seht, ist der Vorfahr der Wale und Delphine, die heute unsere Meere bevölkern.«

Ich halte einen Augenblick inne, um die Wirkung dieser Erzählung auf meine Zuhörer zu sehen. Ein Dutzend Kindergesichter, beleuchtet von den Sturmlampen in der Messe des

Seglers *Fleur de Lampaul,* der auf dem Weg zu den Azoren ist, starrt mich staunend an. Schweigen. Die jungen Meeresreporter haben wenige Stunden nach der Abfahrt von der Insel Yeu schon einen heftigen Sturm im Golf von Biskaya hinter sich gebracht. Sie wurden richtig durchgeschüttelt und sind nun erschöpft. Sie haben ihre Regenkleidung abgelegt, damit sie in den Schränken abtropfen kann, aber in ihren Haaren klebt noch die Gischt, und ihre Augenbrauen sind voll Salz. Sie haben Blasen an den Händen vom Halten der rauhen Tampen des alten Transportschiffes, das zum »ozeanographischen Segler für Kinder« umgebaut worden ist. Sie haben durchgehalten, und wir vier Erwachsenen sind stolz auf sie. Wir werden eine hartgesottene Mannschaft sein, wenn wir nach unserer Ankunft am Azoren-Archipel den Pottwalen begegnen.

Als es nach dem Sturm wieder ruhig wurde, blieben der Kapitän und der erste Offizier auf der Brücke, während wir zum Abendessen hinunterstiegen. Ein kräftiges Kalbfleischrisotto stärkte die Körper, die sechs Stunden lang gebeutelt worden waren. Die Mutigsten nahmen ein Dessert, und schon wurde ich mit Fragen bombardiert. »Wieviel wiegt ein Pottwal, wie lang ist er, wie viele von ihnen werden in der Gegend von Horta sein?« Wieviel! Kinder fragen immer nach dem »wieviel«, aber ich kann mir Zahlen nicht so gut merken. Einer fragte mich, ob bekannt sei, seit wieviel Jahren Waltiere auf der Erde leben. Da konnte ich der Versuchung nicht widerstehen, ihnen die Geschichte dieses seltsamen Wolfes aus dem lange vergangenen Eozän zu erzählen.

Als sich die Überraschung gelegt hat, holen die angehenden Seeleute der *Fleur de Lampaul* ihre schönen Hefte heraus, um sich Notizen zu machen. Sie alle haben freiwillig eine moralische Verpflichtung auf sich genommen, als sie sich auf diesem wunderbaren Segelboot, das als historisches Denkmal gilt, für mehrere Monate einschifften: Sie müssen das, was sie an Bord entdecken, nach ihrer Rückkehr mit jenen teilen, die zurückge-

blieben sind. Da sie erzählen müssen, was sie erlebt haben, wollen sie nichts vergessen, vor allem nicht die schönen Geschichten. Und die Geschichten vom Ursprung und der Entwicklung
der Waltiere sind die eigenartigsten, auch wenn sie komplex
bleiben und viele Mysterien beinhalten. Unbekannte Wesen,
deren Erforschung so interessant ist. Denn es handelt sich um
ein außergewöhnliches Abenteuer, eine unglaubliche Metamor-
phose, die den besten Spezialeffekten des Science-fiction-Kinos
alle Ehre macht, eine Mutation, die nach geologischen Maßstä-
ben nur einen Augenblick erforderte: nur einige zig Millionen
Jahre. Äußerlich gibt es zwischen dem behuften Wolf aus dem
Eozän und dem blauen Wal, dem größten Tier, das jemals auf
Erden gelebt hat – mit bis zu 150 Tonnen verteilt auf mehr als 30
Meter Länge –, keine Gemeinsamkeiten. Dennoch haben Palä-
ontologie, Genetik und Biochemie es möglich gemacht, die
Eigenschaften des Raubtiervorläufers in der Anatomie des
Wales aufzuspüren und dann eine Verbindung zwischen unseren
Waltieren und den Huftieren aus Urzeiten, die noch viel älter als
Mesonychiden sind, nachzuzeichnen. Man hat auch verwandte
Fossilien entdeckt, die eine halbe Milliarde Jahre alt waren.

Die bekanntesten unter den Vorfahren der heutigen Waltiere
sind die Archaeocetes, wahrscheinlich Nachkommen der Mesonychiden. In einem Zeitraum von ca. zehn Millionen Jahren
durchlebten sie eine entscheidende Entwicklung. Man vermu-
tet, daß ihre Lebensweise mit der eines Seeotters oder einer
Ohrenrobbe unserer Tage vergleichbar ist. Aus dem Schwanz
muß eine Flosse entstanden sein, aber man ist sich noch nicht
einig, wann und wie sich ihre Hinterläufe zurückgebildet haben.
Einige Fossilien kleiner Archaeocetes weisen Reste dieser
Gliedmaßen auf. Darauf folgten »rasch« morphologische und
physiologische Veränderungen, damit sie den Gesetzen eines
größtenteils im Wasser verbrachten Lebens genügten, auch
wenn diese primitiven Wale sicher teilweise noch an Land lebten, wo sie sich auch vermehrten.

Das Gehör paßte sich an, und das Trommelfell veränderte sich, damit dieses Tier unter Wasser hören konnte. Der übrige Schädel ähnelte immer noch sehr dem der Landsäugetiere, besonders das Gebiß: Schneidezähne, Eckzähne und Backenzähne. Der Kiefer verlängerte sich, um die Beute besser packen zu können. Ein ausgeprägter Schnabel wurde ausgebildet. Die Nasenlöcher verschoben sich zum Scheitel hin, die Nebenhöhlen wurden größer. Augen und Nieren paßten sich an das Salzwasser an, und unter der Hautoberfläche bildete sich eine Fettschicht gegen die Kälte. Langsam verschwand das Fell und machte einer glatten Haut Platz, die für eine Fortbewegung im Wasser vorteilhafter war.

Eines dieser Geschöpfe, das Zeuglodon, kennen wir gut. Es war 15 bis 20 Meter lang und wog mehr als 15 Tonnen. Lange Zeit haben wir aufgrund seines schlangenförmigen Körpers geglaubt, daß es sich bei diesem Fossil um ein Reptil handelt, aber die Entdeckung seines kleinen Schädels, der nur 7 Prozent der Gesamtlänge des Skeletts ausmachte, ermöglichte es uns festzustellen, daß es sich tatsächlich um ein Säugetier handelt. Seine vorderen Gliedmaßen reduzierten sich zu kurzen Schwimmflossen. Die Wirbelsäule war scheinbar nicht kräftig genug für das Schlagen der Schwanzflosse, wie es bei den heutigen Waltieren üblich ist; daher bewegte sich das Zeuglodon wahrscheinlich schlängelnd in seichten Gewässern, wo es Nahrung fand. Sein Gebiß erlaubte es ihm, die Beute zu packen und ihre Knochen zu zermalmen. Sein Atemloch am oberen Ende der Schnauze ermöglichte es ihm, Luft zu holen, ohne aus dem Wasser zu kommen: Es mußte nur die Nasenspitze in die Luft recken.

Etwa 30 Millionen Jahre vor unserer Zeit waren Archaeoceten sicher die Herrscher der Meere, aber die kommende Generation machte ihnen diese Vorherrschaft schon streitig. Es ist nicht bekannt, ob sie aufgrund einer Veränderung ihrer Umwelt oder von selbst verschwanden. Jedenfalls sind ihre Nachfolger die

Vorgänger unserer heutigen Zahnwale, die mit Zähnen ausgestattet sind, und unserer Bartenwale, die Barten haben.

Diese beiden Gruppen sind offensichtlich besser an das Leben im Wasser angepaßt als ihr früher Verwandter, zum einen, weil Zahnwale dank ihres Schallortungssystems zur Orientierung und zum Auffinden ihrer Beute im Halbdunkel bessere Jäger sind, zum anderen, weil Bartenwale enorme Mengen Nahrung aufnehmen können, indem sie das Meerwasser filtern. Ihr entscheidender Vorteil ist aber die Fähigkeit, ihre Jungen im offenen Meer zur Welt zu bringen, so daß sie nicht mehr an Land kommen müssen.

Wie konnten derartige Veränderungen vor sich gehen? Es ist nicht sicher, aber wahrscheinlich profitierten die Tiere von der Verteilung der Meeresströmungen und neuen ökologischen Bedingungen aufgrund einer weltweiten Änderung des Meeresspiegels. Die Entwicklung der Waltiere könnte mit der Umwälzung der südlichen Hemisphäre in dieser Zeit einhergehen, besonders mit dem langsamen Auseinanderfallen Gondwanas, diesem südlichen Superkontinent, der zerfiel, als Australien, Südamerika und Afrika – vorher mit der Antarktis verbunden – nach Norden abdrifteten. Diese Zerstückelung Gondwanas, auf der die heutige Position der Kontinente beruht, ermöglichte es den Waltieren, neue Meere zu erobern und von ihren Nahrungsreserven zu profitieren.

Ihre Zähne veränderten sich und bildeten ein Gebiß mit stählernen Fangzähnen, das den meisten heutigen Zahnwalen zu eigen ist, bzw. die für Bartenwale typischen Barten. Sie entwickelten einen Mechanismus, der die Nasenlöcher fest verschließt. Sie verloren die Beweglichkeit ihres Halses, und ihr Körper nahm aus hydrodynamischen Gründen allmählich die Form eines Torpedos an. Hinterläufe und Becken wurden resorbiert. Heute ist davon nur noch ein Paar kleiner Beckenknochen übrig. Die Schwanzflosse entwickelte sich zu diesem hervorragenden Propellerorgan, das wir kennen. Bei vielen Arten bildete sich

eine faserige Rückenflosse, die seitlich das Gleichgewicht hält.
Der Schädel der Zahnwale hat sich auch verändert, um den
Bedürfnissen der Schallortung zu genügen. Der Schädel der
Bartenwale hat jedoch eine andere Entwicklung genommen:
Die Stirn wurde erheblich nach vorn gezogen, wobei sich gleich-
zeitig auch die Backenknochen verlängerten. Der riesige Kiefer,
der dadurch entstand, erleichterte die Aufnahme des Plank-
tons.

Schließlich, vor etwa 25 Millionen Jahren, tauchte der Pros-
qualodon oder »Delphin mit Haifischzähnen« auf, ein Tier, das
wahrscheinlich unseren Grindwalen ähnelte, bei denen sich das
Spritzloch am oberen Ende des Schädels befindet. Diese Kreaturen, die damals in der südlichen Hemisphäre sehr verbreitet
waren, verschwanden ihrerseits vor etwa zehn bis 15 Millionen
Jahren, als die heutigen Delphine auftauchten. Der Prosqualo-
don wurde von verwandten Gattungen, besonders den Schna-
belwalen, die am liebsten Kalamares verspeisen, verdrängt. Für
diese Art der Ernährung wird kein besonders entwickeltes
Gebiß benötigt, deshalb besitzen letztere nur noch zwei Zähne
im unteren Kiefer, welche sicher keine wesentliche Rolle beim
Aufnehmen der Nahrung spielen, da sich auch die zahnlosen
Weibchen problemlos ernähren können. Es ist die gleiche
Anpassung wie bei den Pottwalen, welche die oberen Zähne verloren haben. Zur gleichen Zeit entwickelte sich bei den Fur-
chenwalen diese langgezogene »Schnauze« sowie hornige
Lamellen zwischen den Zähnen, die sich ihrerseits wieder
zurückbildeten.

Heute werden die Waltiere immer noch in die beiden Haupt-
gruppen Bartenwale und Zahnwale unterteilt. Ihre zwölf Gattungen umfassen mindestens 80 verschiedene Arten. Zu den
Bartenwalen zählt man die großen Bartenwale, den Zwergwal,
den Grauwal und die schlankeren Furchenwale. Zu den Zahnwalen zählt man die Pottwale, den Narwal und Weißwal, die
Schnabelwale, Meeresdelphine, Tümmler und Flußdelphine.

Halt! Die Seeleute der *Fleur de Lampaul* machten einer nach
dem anderen schlapp. Die Jüngsten, die der Müdigkeit trotzten,
hatten vom Gähnen Tränen in den Augen. Die Großen bekamen
Krämpfe in den Fingern, sie konnten nicht mehr schreiben. Da
hörte ich auf und ersparte ihnen die wissenschaftlichen Kontro-
versen. Sicher hatten sie das Wesentliche verstanden: Durch die
Evolution der Meeressäugetiere hat die Natur wunderbare
Geschöpfe hervorgebracht, deren Kraft und Grazie sich bei
jedem Sprung aus dem Wasser, beim Tauchen und Kreisen in den
klaren Gewässern der Buchten, die zum Jagen oder Spielen einla-
den, ausdrückt. Später werden wir noch über die unglaubliche
Fähigkeit der Pottwale zur Apnoe sprechen, über den Gesang der
Wale und die Gründe für ihre riesigen Körpermaße, über das
Pfeifen oder »Klicken« der Delphine und über die eigenartige
Vorstellung, die sie von ihrer Umwelt und vielleicht auch den
Menschen haben müssen, wenn sie mutig genug sind, sich ihnen
zu nähern. Wir hatten vor, in einigen Tagen mit den Pottwalen
der Azoren und den Fleckendelphinen zu tauchen. Es würde
noch manches »wieviel« und »warum« zu beantworten geben.

Ich weiß nicht, ob die jungen Seeleute der *Fleur de Lampaul*,
die ich begleitet habe, oder jene, die immer noch zu mir nach *La
Rochelle* kommen, alles behalten werden, was ich ihnen erklärt
habe, aber ich bin ganz sicher, daß keiner von ihnen den »Wolf«
aus dem Eozän vergessen hat, der einen Fisch zwischen den
Zähnen hält und seine Hufe in den Sumpf gräbt. Auch wenn es
noch viele Ungewißheiten über die Vorgängerstämme unserer
heutigen Waltiere gibt, auch wenn die Genetik vielleicht einige
Begriffe der Paläntologie revolutionieren und die heutige Systematik der Meeressäugetiere oft in Frage gestellt wird, ist doch
eines sicher: Die Vorfahren der Delphine und Wale waren mit
Sicherheit vierfüßige, behaarte Tiere, die am Meeresufer
umhersprangen. Es hat eine außergewöhnliche Evolution statt-
gefunden, bei der die Tiere unglaubliche Veränderungen durch-
gemacht haben, um sich dem Leben im Meer anzupassen.

5.

Sie »sehen« ins Innerste

»Super, ich hole Meerwasser für das Labor.«

Am äußersten Zipfel der Bretagne gibt es gefährlichere Herausforderungen. Ich hatte eine begeisterungsfähige Freundin,
die Mitte der siebziger Jahre so wie ich Studentin in Brest und
immer auf dem Sprung war. Die Kursleiter konnten ihr den
lästigsten Auftrag geben, meine Freundin führte ihn energiege-
laden aus, sie stürzte sich ins Abenteuer, als ob das Schicksal der
Wissenschaft davon abhinge. Einige Zeit zuvor waren diese
Freundin und ich von einem Forscher für Meeresbiologie eingeladen worden, seine Räumlichkeiten zu besichtigen. Die Person
war sympathisch, aber der Ort schmutzig und schäbig: ein winziges Zimmer mit einem kleinen Fenster, das blind war, weil es
seit zehn Jahren keinen Tropfen Wasser gesehen hatte, und
Regale, auf denen Hunderte Reagenzgläser standen. Wir konnten uns nicht bewegen, standen stocksteif da und trauten uns
kaum, uns umzudrehen. Nachdem uns der Forscher den Sinn
seiner Arbeit erklärt hatte, hielt er eines der Fläschchen hoch,
das normalen Sand zu enthalten schien, und rief aus: »Sehen Sie,
hier drinnen steckt mein Lebenswerk. Zwischen diesen Sedi-
menten entdecke ich jedes Jahr ein winziges Krebstier, das noch
nie beschrieben worden ist.« Mir wurde schlecht. Doch meine
Freundin lächelte begeistert. Sie fand das toll, aber ich wollte nur
noch weg. Natürlich wollte ich Meeresbiologin werden, aber
nicht um diesen Preis. Selbst wenn ich die Nützlichkeit dieser
langen, eintönigen Forschungen verstand, wollte ich mein
Leben nicht damit verbringen, Haare auf den Pfoten von Mee-
resläusen zu zählen in der Hoffnung, eine zu finden, die zwei
oder drei Haare mehr hat als die andere. Meine Freundin stellte

sich diese Frage nicht: Alles war »super«. Und als ein Dozent sie gebeten hatte, von Conquet 5 Liter Meerwasser für Experimente mitzubringen, war sie vor Freude rot geworden und hatte »super« gestammelt. Sie hatte mich dann gebeten, sie mitzunehmen, da ich damals eine der wenigen Studentinnen war, die ein Auto besaßen, einen alten 2 CV mit Schiebedach, auf dem ich mein Surfbrett – eines der ersten in Frankreich – leicht verstauen und nach jedem »Ausflug in die Natur«, wie wir damals die praktischen Arbeitssitzungen an den Stränden nannten, einige Stunden surfen konnte. Ich hatte meine Freundin also zu ihrer Verabredung mit dem Meerwasser aus dem Four Kanal gefahren. Ich erinnere mich, daß sie einen Pullover, Stiefel und einen Regenmantel angezogen hatte. Auch wenn der Himmel bedeckt war, hatte sie für die Jahreszeit – Oktober – ein bißchen übertrieben. Aber sie war so fröhlich, daß ich nicht den Mut hatte, etwas zu sagen. Als wir dann in Conquet ankamen, fand ich irgendeinen Vorwand, um sie mit ihrem Auftrag allein zu lassen, und versprach, sie zwei Stunden später an der Mole wieder abzuholen. Ich nutzte die Zeit, um an die Steilküste im Norden zu fahren, von wo aus ich den Strand von Blancs-Sablons mit dem Fernglas beobachten wollte. Einige Wochen vorher hatte ich dort einen gestrandeten gewöhnlichen Delphin entdeckt, dessen Zähne ich entnehmen konnte. Dieses Mal war der Strand leer. Ich fuhr zurück, um meine Freundin abzuholen. Sie saß auf einer Obstkiste, den Kanister in der Hand, bitter enttäuscht. Ich fragte sie, was sie bekümmerte.

»Ich habe einen Fischer nach der besten Stelle gefragt, um das Wasser zu entnehmen, und dabei gehofft, daß er mich aufs Meer außerhalb der Bucht mitnimmt. Er hat mit dem Finger auf das Ende des Quais gezeigt und gesagt: Dort ist ein Wasserhahn, es ist Meerwasser. Sie können es nehmen, aber trinken Sie es nicht, sonst werden Sie krank.«

Ich weiß immer noch nicht, wie ich es schaffte, nicht loszulachen. Ich glaube, daß sie wirklich unglücklich war und es sie verletzt hätte, wenn ich mich über sie lustig gemacht hätte. Nach dieser Enttäuschung gab sie jedoch zu, daß in der wissenschaftlichen Forschung nicht alles »super« ist. Die Ergebnisse können sagenhafte Auswirkungen haben, manchmal können sie unsere Vorstellung von der Erde bzw. vom All revolutionieren, aber der Weg dorthin kann tödlich langweilig für den sein, der nicht mit Leib und Seele dabei ist. Die Begeisterung meiner Freundin war jedoch nur leicht erschüttert worden. Es war eine billige Lektion. Doch manchmal sind die Enttäuschungen viel größer, die Niederlagen bitterer. Eine falsche Entscheidung, und die Schäden sind irreparabel. Es ist besser, seinem Herzen zu folgen, seiner inneren Stimme, seiner persönlichen Überzeugung als dem Weg eines anderen. Das schließt Begeisterung natürlich nicht aus, ganz im Gegenteil.

Mein Interesse für Waltiere erwachte eben zu der Zeit, als meine Freundin »Meerwasser« holte. Vorher wußte ich nichts über diese Tiere. Wie die meisten Menschen erinnerte ich mich an die Späße Flippers, des exotischen Helden einer Delphinserie im Fernsehen, aber er hatte mich nicht so richtig begeistert. Delphine wurden noch nicht von Naturschutzorganisationen oder x-beliebigen Händlern als Emblem benutzt. Man erfuhr wenig in der Presse, und die Wissenschaftler tappten im dunkeln. Sie hatten bei ihrer Forschung jedoch entdeckt, daß diese Tiere zu Wunderwerken fähig sind. Eines davon machte mich sprachlos, als ich davon erfuhr, und es begeistert mich bis zum heutigen Tag.

Pottwale, Schwertwale und Delphine finden sich in ihrer Umgebung anhand eines unter Lebewesen praktisch einmaligen Systems zurecht. Es ist ein Geschenk der Natur, ein so perfektioniertes Wunder der Evolution, daß wir es noch nicht vollständig verstehen und analysieren können. Eine Entdeckung, die unsere Betrachtungsweise der Meeressäugetiere verändert hat.

Waltiere haben sich fast aller äußeren Gehörmerkmale entledigt. Die äußere Gehörmuschel ist vollständig verschwunden, da dieses Anhängsel nicht sehr hydrodynamisch ist. Ihre Ohren bestehen nur noch aus kleinen Löchern, die oft direkt hinter den Augen liegen, und ihre Gehörgänge haben nur zwei bis drei Millimeter Durchmesser. Es ist also nicht viel übriggeblieben, und doch müssen sie zu irgend etwas gut sein. Ein mit Luft gefülltes Ohr ist im Wasser aber nicht sehr hilfreich, und umgekehrt ist ein mit Wasser gefülltes Ohr an der Oberfläche nicht besonders nützlich. Bei einigen Walen ist das innere Ohr mit einem Gehörzapfen aus Ohrenwachs verstopft, der die Weiterleitung von Unterwassergeräuschen garantiert – weshalb sie vielleicht außerhalb des Wassers taub sind –, aber Delphine haben dies nicht. Wir fragen uns immer noch, was sie eigentlich in und außerhalb ihrer eigenen Umgebung hören, da die Schallwellen aus der Luft im Meer nicht richtig weitergeleitet werden. Man hat die Hypothese aufgestellt, daß ihre Gehörgänge dauerhaft geöffnet und mit Wasser gefüllt sein könnten. Sie würden dann nur beim Tauchen richtig hören. Es scheint jedoch, daß manche Arten Töne wahrnehmen können, wenn sie aufgetaucht sind, und dazu müßten ihre Ohren etwas Luft durchlassen. Einer anderen Hypothese zufolge sollen ihre Gehörgänge keinerlei Funktion haben und nur noch eine überflüssige Erinnerung an das Landleben sein. Das würde erklären, warum diese Gänge bei einigen Arten völlig verstopft sind.

Um ansatzweise zu verstehen, was hier vor sich geht, entschied man sich, einem Tümmler die Sicht zu nehmen, damit er nur noch seine anderen Sinne gebraucht. Man setzte auf seine Augen kleine Gummiklappen, die sich festsaugten, um ihn vorübergehend blind zu machen. Dieses Tier war daran gewöhnt, eine Belohnung zu bekommen, wenn es am Ende eines Hindernisrennens einen bestimmten im Becken versteckten Gegenstand fand. Auf das vereinbarte Zeichen hin zog der Delphin »mit geschlossenen Augen« los und umging die Hindernisse mit verblüffender Leichtigkeit. Dann nahm er sich seine Beloh-

nung. Es war Zauberei, oder er hatte ein Geheimnis, und das
haben Forscher letztendlich entdeckt. Während der Suche hatte
der Tümmler seinen Kopf leicht nach rechts und links gedreht –
und zwar immer schneller, wenn er auf seinem Weg unerwarteten Hindernissen begegnete – und dabei jedesmal eine Reihe
von Lauten ausgestoßen. Offensichtlich haben Delphine ein
besonderes System entwickelt, bei dem sie Schallwellen verwenden und sich mittels Schallortung orientieren, ein einmaliges,
äußerst komplexes, wunderbar präzises Hilfsmittel. Fledermäu-
se besitzen eine ähnliche Fähigkeit, aber Waltiere sind scheinbar
die einzigen, die diese unter Wasser anwenden. Wie funktionierte das im Meer? Es war eine Herausforderung, dies zu verstehen. Biologie und Akustik mußten Hilfestellung leisten und
einige Antworten anbieten, die es nach 30jährigen Experimenten immer noch zu präzisieren gilt.

Schallwellen breiten sich im Wasser besser aus als Lichtwellen, daher ist es verständlich, daß sich das System der Schallwellen besser entwickelt hat als die Sicht, da es viel nützlicher und
wirksamer zu sein versprach, um das Überleben der Spezies zu
sichern.

Delphine stoßen bei der Fortbewegung Töne niedriger Frequenz aus, die sich über große Entfernungen ausbreiten.
Manchmal erzeugen sie auch Ultraschalltöne (hohe Frequenzen), die sich über kurze Entfernungen verbreiten. So überprüft
das Tier den Bereich vor sich, und es entgeht ihm nichts. Wenn
diese Schallwellen auf ein Hindernis treffen, werden sie von diesem reflektiert und kommen zum Delphin zurück, der sie auf-
fängt und analysiert. Er weiß, in welcher Entfernung sich das
Objekt befindet, er kennt seine Form, Art, Beschaffenheit und
Dichte. Deshalb vergleicht man das Schallortungssystem der
Delphine mit dem Echolot unserer Schiffe, einem akustischen
Gerät, das die Ortung von Gegenständen unter Wasser ermöglicht und uns erlaubt, unter Wasser »zu sehen«, dort, wo Lichtstrahlen – die zum Sehen notwendig wären – nicht mehr ein-

dringen können. Dieses Gerät analysiert – wie das Echolot der Delphine – die Reflexion von Schallwellen und nicht die Spiegelung von Lichtwellen, um »zu sehen«. Das Schallortungssystem der Zahnwale ist äußerst perfektioniert. Man weiß heute, daß sie damit zum Beispiel ein Kupferteil von einem Aluminiumteil identischer Form oder auch zwei fast gleiche Bleigegenstände unterscheiden können.

Da Delphine keine Stimmbänder haben, stoßen sie Laute mit Hilfe ihrer Luftsäcke aus, mit denen sie wie auf einem Luftinstrument spielen. Diese Säcke sitzen unter dem Spritzloch und sind mit dem Nasengang verbunden. Das Tier benutzt also die eingeatmete Luft, um Pfeif- oder Klicklaute zu erzeugen, indem es die Luft von einem Sack zum anderen leitet. Schallwellen werden von der konkaven vorderen Schädelwand reflektiert und dann in der aus Fett gebildeten Melone gebündelt, die wie eine Konvergenzlinse arbeitet und das Schallbündel in die gewünschte Richtung leitet. Beim Pottwal hat die Melone riesige Ausmaße angenommen, man nennt sie Ratwalorgan. Sie wiegt mehrere Tonnen und füllt den riesigen Kopf fast vollständig aus. Es ist wahrscheinlich, daß Zahnwale auch ihren Kehlkopf benutzen, um vibrationsähnliche Geräusche auszusenden, die wir manchmal hören können.

Ihr Sendesystem ist schon unglaublich, aber ihr Empfangssystem ist einfach genial, denn die Schallwellen werden nicht nur vom Ohr wahrgenommen: Im Wasser nimmt der ganze Körper sie auf. Um Hunderte von Echos, die auf sie zuschießen, zu sortieren, haben Delphine ein leistungsfähiges Analysewerkzeug entwickelt: die Trommelfellblasen, welche Mittel- und Innenohrteile beherbergen. Es handelt sich um kompakte knöcherne Gebilde, die in einer Schädelhöhle hängen und durch eine mit einer zähflüssigen Mischung aus Schleim und Fett gefüllte Tasche isoliert sind. Ihr sehr feiner, oft verstopfter Gehörgang leitet das Echo nicht allein weiter, denn ein Delphin, dem man die Ohren verstopft, kann sich immer noch problemlos orientieren. Die Schallwellen verbreiten sich am besten im Unterkiefer. Der Knochen der Mandibel ist hohl, und diese Aushöhlung ist mit einem sehr feinen Fett ähnlich dem der Melone gefüllt. Vibrationen werden über dieses Fett zum Innenohr geleitet, welches neben dem Kiefergelenk liegt. Schließlich gelangen sie dank eines sehr entwickelten Hörnervs zum Gehirn, das unzählige Informationen verarbeiten kann, auch wenn sie sehr unterschiedlich und komplex sind. Wenn ein Delphin von einem Gegenstand besonders angezogen wird, nähert er sich ihm und stößt dabei Klicklaute aus, die immer schneller werden und in der Frequenz steigen. Dabei dreht er den Kopf leicht von rechts nach links, damit das Schallbündel den Gegenstand in allen Richtungen abtastet. Dann berührt er ihn mit der Spitze seiner Mandibel, um das zurückgesandte Echo direkt zu empfangen. Es ist wahrscheinlich, daß das Tier dadurch außerordentlich genaue Informationen über Form und äußere Beschaffenheit sowie Dichte und innere Struktur des Gegenstands erhält. Auf die gleiche Weise, wie das Ultraschallgerät eines Gynäkologen das Bild eines Fötus im Mutterleib zeigt, kann ein Delphin dank seines Echolots wahrscheinlich erfahren, was ich zuletzt gegessen habe.

In dieser Art haben Zahnwale ein sogenanntes Schallortungssystem entwickelt, um die bis zu mehrere tausend Meter tiefe Unterwasserlandschaft zu erkunden und ihre Beute in der Dunkelheit der Meere zu identifizieren. Sie sehen mit ihren Ohren. Im Laufe der Jahrtausende hat sich entsprechend der Entwicklung ihres Echolots ihre Anatomie gewandelt (die Schädelknochen machten der Ansammlung von Fett in Melone und Mandibel Platz, die Stimmbänder bildeten sich zurück, dafür tauchten die Luftsäcke auf, und der Kehlkopf veränderte sich) sowie ihre Physiologie (das Gehör erhielt eine andere Funktion, und die Hörfelder des Gehirns nahmen eine andere Dimension an). Diese Veränderungen findet man bei Bartenwalen nicht, deshalb glaubt man, daß sie kein Schallortungssystem besitzen.

Dennoch geben sie oft Töne niedriger Frequenz von sich, die sich über eine Entfernung von mehreren Dutzend Kilometern verbreiten. Es ist wahrscheinlich, daß ihre Lautäußerungen sie während ihrer Migrationen nicht nur über den Aufenthaltsort ihrer Artgenossen, sondern auch über die Unterwasserlandschaft informieren, da sie sich an bestimmten Punkten orientieren.

Ich erinnere mich noch, wie erstaunt ich war, als man mir diese kaum vorstellbare Anpassung an die Umwelt erläuterte. Diese Entdeckung legte mir ein Universum zu Füßen, von dem ich nichts wußte, da es vor 20 Jahren nur wenige populärwissenschaftliche Bücher über Waltiere gab und ich meinerseits überzeugt war, daß Delphine weit entfernte tropische Geschöpfe sind. Was Killerwale betrifft, die heutzutage wie Tierfetische in Kinderköpfen spuken, wußte ich kaum etwas von ihrer Existenz. Ich hätte wie meine Kameraden geschworen, daß Seehunde niemals das Packeis verlassen und man nicht die geringste Chance hatte, den Rücken eines Wales vor den Küsten Europas zu sehen. Als ich erfuhr, daß Delphine unmittelbar vor den Küsten der Bretagne kreuzen, daß man dort auch Wale sieht, daß Seehunde auf unseren Felsen sitzen und all das weniger als eine halbe Autostunde von der Universität entfernt, zogen mich die Steilküsten und Strände immer mehr an, weit weg von den Labors, in denen sich die traurigen Fläschchen eines »Lebenswerks« aneinanderreihten.

Schon als ich mich mit der Ornithologie beschäftigte, meiner ersten Leidenschaft, fand ich Geschmack an der Beobachtung von Tieren in ihrer natürlichen Umgebung. Aber Vögel haben mich nie so angezogen wie Säugetiere, denen ich mich aufgrund des Bewußtseins, daß wir derselben Gattung angehören, innerlich verbunden fühle. Die seltsamen Waltiere mit ihrer außergewöhnlichen Physiologie und ihrem mysteriösen Verhalten kamen damals wie gerufen. Vor allem, weil in diesem Bereich noch alles offen war und dies meiner Natur entspricht. Ich habe schon immer kleine, dornige Pfade den großen Straßen der Karriere vorgezogen. Ich glaube, daß der Forscherberuf eine instinktive Neugierde, eine unwiderstehliche Lust, Wege zu beschreiten, die noch niemand gegangen ist, und eine große Lust am Unbekannten, Unverstandenen voraussetzt. Man muß sich einen Großteil seiner kindlichen überschwenglichen Vorstellungskraft bewahrt haben, um Freude daran zu finden, unbekannte Wege zu gehen, wenn die bekannten uns nicht dorthin führten, wo wir etwas entdecken wollten. Der Forscher versucht zu begreifen, was seine Mitmenschen noch nicht aufgeklärt haben.

Nach und nach veranlaßte ich meine Ornithologie-Kommilitonen, ihre Ferngläser auf das Meer und seine exotischen Geschöpfe, die dort ihre Späße trieben, zu richten. Sie ließen sich schnell verführen, denn der Blick einer Robbe ist wohl doch bewegender als der einer großen Möwe. Bald gründeten wir Studenten eine Forschungsgruppe über gestrandete Tiere, eine der ersten an unseren Küsten, natürlich in der Hoffnung, nicht nur tote Tiere untersuchen zu können, sondern sich auch jenen zu nähern, die lebendig um unser Boot sprangen, wenn wir in unserer Freizeit aufs Meer fuhren. Wir vertrauten in der Unbekümmertheit unseres Alters auf die Zukunft. Es war auch eine Herausforderung an die Tiere, die wir studieren wollten, denn da wir sie schon liebten, bevor wir sie noch kannten, fragten wir uns wohl auch, ob Delphine mit ihrem besonderen Gespür uns ebenfalls liebten. Es gibt so viele Geschichten über Delphine, die Menschen geholfen haben sollen, über Hilfsaktionen, die anzudeuten scheinen, daß wir ihnen nicht gleichgültig sind. Das mußte ich mir unbedingt näher ansehen.

Schließlich sehen sie uns nicht oft, da sie im Wasser leben, während wir uns in einer luftigen Umgebung aufhalten, sie hören uns wahrscheinlich schlecht und können uns meistens nicht riechen. Was halten sie von uns, wenn wir zusammen im Wasser sind? Sie reagieren auf die geringste chemische Substanz im Wasser, zum Beispiel fangen Männchen die Duftstoffe von

Weibchen auf, die mit den Wellen verteilt werden, womit diese ihre Bereitschaft zur Paarung signalisieren. Welchen Duft haben wir? Wenn sie auf ein Wesen oder einen Gegenstand stoßen, der sie neugierig macht, beobachten sie ihn, versuchen mittels Schallortung, alle Einzelheiten zu erfahren, berühren ihn mit der Kinnspitze oder nehmen ihn in den Schnabel. Delphine entdecken auf ihre Weise, was sie mögen oder ablehnen. Welches Bild haben sie dank ihres Super-Echolots, dem nichts entgeht, von uns? Sie bleiben nicht an der Oberfläche der Dinge, sie »sehen« ins Innerste. Vielleicht dringt ihr Echolot bis zu den Knochen, bis ins Herz. Dann ist es nicht mehr weit, sich vorzustellen, daß sie vielleicht unsere Empfindungen analysieren können...

Vielleicht liegt darin meine Chance: Es scheint, daß sie mindestens genauso neugierig sind wie ich. Im übrigen kann ich sie nur beobachten, weil sie sich beobachten lassen wollen. Und jedesmal frage ich mich, wer wen beobachtet. Unsere Begegnung kann nur in gegenseitigem Einverständnis erfolgen, ich gehe auf sie genauso zu, wie sie auf mich. Ich kann zu meinem Boot zurückkehren, wohin sie nicht mitkommen können, und sie können in die Meerestiefe entschwinden, wohin ich ihnen nicht folgen kann. Beide Seiten sind frei, die Beziehung, die bei einer Begegnung entsteht, zu akzeptieren. Solange sie anhält, darf man annehmen, daß beide Seiten zufrieden sind.

6.

Kinder einer Blume im Atlantik

Wenn ich auf See bin, übernehme ich gern die Nachtwache.
Und auf dem Segelschiff *Fleur de Lampaul* (Blume von Lampaul) übernehme ich am liebsten die Nachtwache mit den Kindern. Ich finde es lustig, ihre verschlafenen Gesichter zu sehen,
wenn sie Regenzeug und Schwimmwesten überziehen, bevor sie
auf die Brücke gehen, und ihre Mützen bis zu den Augen herun-
terziehen. Die Dunkelheit beeindruckt sie. Sie sind nicht
gesprächig und lauschen den Geräuschen der Finsternis. Oft
sind Waltiere da; wir sind in ihrem »Revier«, aber meistens hört
man nur, wie das Wasser ans Boot schlägt oder der Wind über
die Segel streicht. Die Kinder setzen sich schlaftrunken auf das
feuchte Holz, ziehen die Knie ans Kinn und umschlingen ihre
Beine. Sie frösteln, schlürfen heiße Schokolade, schauen ver-
träumt zu den Sternen, während die *Fleur* bei halbem Wind
Runden dreht, um in dem Gebiet zu bleiben, in dem wir am
nächsten Morgen wieder auf Pottwale oder Delphine stoßen
werden. Um uns herum Nebel, Bewegung, Mondschein. Die
Nacht und das Meer sind nicht für die Menschen gemacht, es sei
denn, diese befinden sich auf der Brücke, wo sie den nächtlichen
Gefahren in relativer Sicherheit trotzen können. Es ist jedoch
auch ein einmaliger Augenblick, in dem unsichtbare starke Bande entstehen, eine Kameradschaft, die unschätzbar ist, wenn am
frühen Morgen der Moment gekommen ist, mit den Tieren zu
tauchen.

Einige schlafen heimlich wieder ein, andere kommen zu mir
und fragen mich wie eine Komplizin, ob sie wirklich Delphine
sehen werden, ob sie wirklich mit ihnen zusammen ins Wasser
gehen können, ob es schwierig werden wird, ob es lange dauert,

ob man nicht Angst hat, mit ihnen zu schwimmen. Wir haben viel Zeit zum Reden, dazwischen langes Schweigen, das den Worten Gewicht verleiht und unsere Träume beflügelt. Wenn ich ihnen zuhöre, stelle ich mir ihre Wünsche und Ängste vor. In der Nacht haben Kinderstimmen etwas Bewegendes. Sie erinnern mich an die Zeit, als ich selbst zehn Jahre alt war und wie sie unter anderen Sternen träumte, eine Zeit, als Cousteaus Kamera gerade das Schaudern vor der Tiefe in eine wunderbare Welt verwandelte, als man sich noch nicht vorstellen konnte, daß ein normaler Sterblicher die Seite wechselt. Zu dieser Zeit, vor etwa 30 Jahren, schlachtete man auf den Fabrikschiffen in den südlichen Meeren Tausende von Walen, und vor unseren Küsten jagte man Tümmler mit dem Gewehr, wenn sie in der Nähe der Netze nach Sardinen schnappten. Waltiere hatten neben Katzen, Hunden, Pferden und einigen Vögeln noch keinen Eingang in das Pantheon der »Tiere, Freunde der Menschen« gefunden. Man fing auch noch keine Schwertwale und Tümmler für den Wasserzirkus, man machte sie noch nicht zu Neurasthenikern, die neugierige Massen vollspritzen.

Als ich die künftigen Abenteurer der *Fleur de Lampaul* zum ersten Mal im Forschungszentrum empfing, war ich vom Vorhaben Charles Hervé-Gruyers, des Besitzers der *Fleur,* bereits begeistert. Er war bereit, ein Dutzend junge Meeresreporter zwischen zwölf und 15 Jahren an Bord zu nehmen, um sie die Welt entdecken zu lassen. Dieses Vorhaben schloß Waltiere ein und weckte daher mein Interesse. Dennoch fordere ich Gleichgesinnte, besonders Kinder, nicht *a priori* auf, sich Meeressäugetieren zu nähern. Viele Experimente, die angeblich einen Kontakt zwischen Mensch und Delphin herstellen sollen, haben zu sehr negativen Ergebnissen geführt, besonders für die Tiere. Und manchmal vielleicht auch für die mentale Gesundheit der Menschen, die daran teilnahmen. Im Laufe der ersten Gespräche, die wir im Forschungszentrum organisiert hatten, zerstreute die Mannschaft Charles Hervé-Gruyers aber nach und nach

meine Bedenken. Ich diskutierte mit den Jugendlichen, führte
ihnen Delphinskelette vor, die wir von gestrandeten Delphinen
rekonstruiert hatten, und zeigte ihnen die langen Reihen von
Organproben, die wir in unseren Labors aufbewahren. Ich
sprach lange über die Arbeit am Mikroskop in einem winzigen
Raum oder auf der Brücke eines Schiffes, bei der man stundenlang mit dem Fernglas Wasser absucht, auf dem sich nichts
bewegt. Ich stellte die langweiligsten Aspekte der wissenschaftlichen Arbeit in den Vordergrund und erhielt dennoch ein uner-
wartetes Echo. Obwohl sie bei jedem Besuch nur ein oder zwei
Stunden dasein mußten, blieben sie den ganzen Tag und stellten
mir Fragen, machten sich Notizen und Fotos, informierten sich
so gut wie möglich, sammelten Auskünfte für ihre bevorstehen-
de Begegnung mit Delphinen oder Walen. Ich stellte fest, daß
ihre Betreuer genauso bei der Sache waren und ein richtiges päd-
agogisches Projekt entwickelt hatten, das eine intelligente
Annäherung an Waltiere in ihrem eigenen Umfeld vorsah. Ich
opferte ein wenig von meiner Zeit, wofür mich die Kinder mit
ihren leuchtenden Augen und ihren gezielten Fragen reichlich
belohnten. Später, als sie mich baten, sie bei ihren Expeditionen
zu begleiten, zögerte ich erst aus Zeitmangel, obwohl ich immer
der Meinung gewesen bin, daß es meine Pflicht ist, so oft wie
möglich das Labor zu verlassen, um Neulingen zu erklären, was
wir aus unseren Forschungen lernen. Wissenschaftler stellen
sich meiner Meinung nach viel zuwenig zur Verfügung. Die
Motivation, die Begeisterung und der Wissensdurst der Kinder
haben mich schließlich davon überzeugt, ihnen zu helfen und
ihnen eine Begegnung mit Waltieren zu ermöglichen.

Später habe ich mich in die *Fleur de Lampaul* verliebt wie alle
begeisterten Segler, die dieses wunderbares Boot besteigen.

Die Expedition, die uns 1991 zu den Azoren führte, fand in
der Sommersaison statt. Die Kinder mußten an Bord nicht für
die Schule lernen, so daß wir mehr Zeit für die Meeresfauna hatten, und zwar unter besten Bedingungen. Die *Fleur* ist nicht nur

schön, sie ist auch ein ausgezeichnetes Beobachtungsschiff: Robust, geräumig, ruhig und stabil ragt sie hoch aus dem Wasser. Die Atmosphäre auf dem Schiff ist herzlich und verantwortungsvoll und regt dazu an, sich wirklich zu bemühen, den Abenteurern in kurzen Hosen das zu bieten, wofür sie gekommen sind... Das geht natürlich nur, wenn die Tiere genauso kooperativ sind.

Die neun portugiesischen Azoreninseln mitten im Atlantik, 1 500 Kilometer von Lissabon entfernt, zählen zu den höchsten Gipfeln des mittelatlantischen Rückens, dieser langen Bergkette, die aus den Tiefen des Ozeans herausragt. Rund um den vulkanischen Archipel treffen kalte Strömungen aus der Tiefe auf den heißen Fluß eines Nebenarms des Golfstroms. Das Wasser ist gemäßigt, das Wetter selbst im Sommer launisch, aber dies ist einer der wenigen Orte, an denen man mit Sicherheit Waltiere sehen kann und die durch die umliegenden Inseln vor den hohen Wellen geschützt sind. Natürlich sind die Pottwale vertreten: Pico, Faial und Sao Miguel sind durch sie berühmt geworden, weil dort bis zum Verbot der Jagd mehrere Generationen tollkühner Harpuniere lebten. Auch Tümmler sind zahlreich vertreten und gewöhnliche Delphine, Risso-Delphine, Nordamerikanische Grindwale und vor allem Fleckendelphine. Seltener sieht man Furchenwale, Schwertwale, Kleinschwertwale oder Sowerbys Zweizahnwale.

Der Anblick der Berge, die aus dem Nebel auftauchen und senkrecht ins Meer fallen, ist fantastisch. Es ist aber nicht möglich, in der Nähe einer der Inseln Anker zu werfen; das Wasser ist zu tief. Damit die *Fleur* am frühen Morgen vor Ort ist, muß sie in den Gewässern, in denen die Tiere auftauchen werden, bleiben. Je nach Wind und Strömung läßt sie sich treiben oder zieht nachts ihre Kreise. Auch wenn ich das wissenschaftlich nicht erklären kann, ist es am besten, Waltieren direkt nach Sonnenaufgang zu begegnen. Am frühen Morgen, wenn das Meer spiegelglatt ist, scheinen die Tiere, die für diesen Frieden wohl

empfänglich sind, viel ruhiger zu sein, und sie akzeptieren die
Gegenwart von Schiffen, deren Motoren sie von weitem hören,
ohne ein Zeichen der Befremdung. Wir wissen nicht, warum
gerade die Stunden nach dem Sonnenaufgang die geselligsten
sind, weil wir noch nicht verstehen, wie das Leben der verschiedenen Spezies strukturiert ist. Manche Tiere ernähren sich nur
nachts und ruhen sich morgens vielleicht aus; dann sind sie emp-
fänglicher für Begegnungen und Spiele. Andere, die bekannter-
maßen Tag und Nacht jagen, sind jedoch ebenso friedlich und
zeigen sich uns gegenüber genauso neugierig. Wie dem auch sei,
Delphine kommen oft in der Morgendämmerung zu Besuch.

Sie können sich aber auch distanziert zeigen. Delphine wei-
gern sich, in ein Schema gepreßt zu werden, das eine »Delphin-
literatur« mit wenigen systematischen oder mystischen – jedenfalls restriktiven – Federstrichen für sie vorgesehen hat. Es handelt sich um hochentwickelte Säugetiere, und ihre Intelligenz
erlaubt es ihnen, ohne die betriebsame Gleichförmigkeit der
Bienen- oder Ameisenvölker – auch wenn uns diese beeindruk-
ken – auszukommen. Insekten einer Spezies verhalten sich in
jedem Bienenstock, in jedem Ameisenhaufen annähernd gleich.
Nicht so Delphine. Sie sind wie eine Grammatik, die für jede
Regel eine lange Liste von Ausnahmen bereithält. Alle Versuche, Delphine nach einem Verhaltensmuster zu klassifizieren,
sind fehlgeschlagen. Jede Untersuchung zeigt, daß das, was wir
vorher bei einer anderen Gruppe erfahren haben, auf den nächsten Fall nicht anwendbar ist. Und alle Hirngespinste, die darauf
abzielen, ihnen menschliche, übermenschliche, fast göttliche
Züge zu geben, sind ebenfalls zum Scheitern verurteilt. Obwohl
Delphine als gesellige Tiere gelten, die im Familien- oder Grup-
penverband leben, sieht man auch welche, die über lange Zeit,
manchmal mehrere Jahre lang, im gleichen Revier allein bleiben.
Viele Wissenschaftler glauben, daß dies zufällig und daher zu
vernachlässigen sei. Andere, sei es aus fröhlicher Naivität oder
aus dem Glauben an eine Allerweltsmythologie heraus, geben

ihnen manchmal den Namen »Botschafter«, als wollten diese Delphine uns eine Nachricht ihres Volkes überbringen oder zwischen dem Göttlichen und dem Menschlichen vermitteln. Glücklicherweise werden die Delphine selbst nie erfahren, welche Geschäfte man auf ihrem Rücken macht bzw. welche Phantastereien man ihnen andichtet. Diese Auswüchse und Irrungen zeigen nur, daß unser Wissen noch sehr begrenzt ist, daß wir in manchen Bereichen noch keinen Schritt weitergekommen sind und daß Unwissenheit immer der beste Nährboden für Betrug ist. Wenn die Wissenschaft etwas nicht erklären kann, hat die Phantasie freie Bahn.

Je weiter unsere Forschungen voranschreiten, um so mehr stellen wir fest, daß das Verhalten der Spezies, der Bestände, der Gruppen und der Individuen sich voneinander unterscheidet und daß wir noch weit davon entfernt sind, Regeln aufstellen zu können, falls wir dies denn überhaupt wollen. Im Augenblick beschränken wir uns darauf, immer wieder neue Möglichkeiten, Fähigkeiten, Strategien und Techniken zu entdecken, die von den Tieren nach Belieben angewendet werden wie von einem Künstler, der mit seiner Farbpalette eine Vielzahl verschiedener Nuancen schafft. Wir wissen zum Beispiel noch sehr wenig über das Verhalten der Schwertwale, obwohl diese weltweit zu den bekanntesten Waltieren zählen. Manche Gruppen beherrschen Techniken, die anderen völlig fremd sind. Einige Schwertwale ernähren sich nur von Fischen, während andere Seehunde fressen. Innerhalb einer Gruppe kann man Tiere beobachten, die sich einer Beute besonders geschickt nähern, sich verstellen oder sogar freiwillig stranden, um einen jungen See-Elefant oder einen Pinguin zu fangen. Die Tümmler Floridas leben nicht so wie jene an den britischen Küsten, und die Tümmler an den bretonischen Küsten verhalten sich anders als ihre Artgenossen von Arcachon. Seit 1996 beobachten wir diese Tiere in den Meerengen der Charente, um neue Strategien kennenzulernen. Tatsächlich stimmen erste Ergebnisse nicht mit dem überein, was

wir von benachbarten Delphinen der Sein-Insel oder des Arca-
chon-Beckens kennen. Jedes neue Beobachtungsprogramm hält
eine Überraschung bereit: Hier sieht man die Tiere jeden Tag,
während sie woanders nur in der schönen oder nur in der
schlechten Zeit da sind. Wo sind sie, wenn wir sie nicht sehen
können? Es reicht, daß das Meer etwas stürmisch ist, und schon
sind sie kaum noch zu entdecken. Manchmal bevorzugen sie
große Wellen in der Nähe einer felsigen Küste mit tiefem Wasser, dann wieder durchqueren sie täglich schwierige Passagen,
um zwischen den Sandbänken zu jagen, wo der Meeresgrund bei
Ebbe sichtbar wird. In den Meerengen der Charente ist das
Wasser höchstens 30 Meter tief und das Meer oft ruhig. Nichts
ist beständig, nichts gesichert, und zukünftig wird jegliche
Dokumentation über Delphine, die im weitesten Sinn wissenschaftlich ist, nicht nur die Spezies vermerken, sondern auch
Ort und Datum der Beobachtung. So kann man Schlüsse aus
diesen Daten ziehen, ohne zu verallgemeinern und fehlzugehen.
Die Erfahrung hat uns gelehrt, frühere Gewißheiten mit Skep-
sis zu betrachten.

Wenn Delphine »Botschafter« sind, dann mit Sicherheit solche der Bescheidenheit. Bescheidenheit ist vielen Kindern ange-
boren. Und auf der *Fleur* wird sie bewußt gepflegt. Sie möchten
wie die Erwachsenen auf alles eine Antwort haben, sie können
noch Fragen stellen, und ihr Geist ist noch frei, sich neue
Traumschlösser zu bauen, wenn die alten nicht mehr der Wirklichkeit entsprechen.

Als wir anfingen, mit den Delphinen zu tauchen, bat ich die
Kinder, alles zu vergessen, was sie über die Tiere, denen sie sich
nähern wollten, wußten, und so zu tun, als seien sie die ersten
Menschen, die sie besuchen. Die Praktikanten auf der *Fleur* sind
wie alle anderen, die sich für Meeressäugetiere begeistern, sie
wollen alles begreifen, aber in erster Linie wollen sie beobachten,
hinterfragen und zuschauen, und sie akzeptierten auch, daß
nicht alles erklärt werden kann. Sie erwarten nichts und erhoffen

alles. Das ist vielleicht die richtige Definition für »wissenschaftliches Vorgehen«.

In den Azoren beginnt eine Beobachtung immer auf der Brücke. Die Waltiere müssen aufgespürt werden, nachdem man die Nacht damit verbracht hat, in dem Revier, das sie bevölkern, Runden zu drehen. Ein Matrose steigt im Morgengrauen auf den Ausguckposten, während sich die Taucher, die mich begleiten sollen, vorbereiten. Sie legen Schwimmflossen, Taucherbrille und Schnorchel bereit. Im allgemeinen werden die ersten Tiere gemeldet, sobald die Strahlen der aufgehenden Sonne auf dem Meer glitzern. Dann nimmt der Kapitän Kurs auf sie.

Eines Morgens sahen wir steuerbord flüchtige Schatten. Ich holte mein Fernglas und richtete es auf eine Gruppe schlanker Torpedos, die fliegende Fische zu verfolgen schienen. Etwa zwei Meter lange Fleckendelphine, die man leicht mit jungen Tümmlern verwechselt. Die kleinen Flecken, die, je älter sie werden, zuerst ihren Bauch und dann ihren stahlgrauen Rücken bedecken, kann man außerhalb des Wassers schlecht ausmachen. Sie haben auch spitzer zulaufende Schnäbel als die großen Delphine. Es sind aufgeweckte, verspielte Tiere, gefräßige Jäger, die gern Kalamares aus der Tiefe fressen oder Fische, die an der Oberfläche schwimmen, welche sie gemeinsam mit Schwärmen von Gelbflossenthun fangen. Sie sind dafür gut ausgerüstet: Ihr Kiefer ist mit bis zu 160 konischen Zähnen bestückt. Ich forderte die Kinder sogleich auf, sich fertigzumachen, während unser Skipper die Geschwindigkeit drosselte. Ob unsere Gegenwart wohl ihre Neugierde wecken oder ob die Delphine ihren Weg fortsetzen würden? Einige Sekunden lang sahen wir nichts mehr, und plötzlich überholte ein Dutzend Tiere die *Fleur*, diesmal backbord. Ich konnte nicht sagen, ob es sich um die gleiche Gruppe handelte, aber sie zeigten keinerlei Beunruhigung oder gar Angriffslust. Die *Fleur* schien sie zu interessieren, deshalb änderten sie ihre Geschwindigkeit. Sie ließen sich einholen und schossen wieder davon. Eigentlich ein klassisches Verhalten, aber aus irgendeinem Grund hatte ich das Gefühl, daß diese Tiere eine Überraschung für uns bereithielten.

»Ins Wasser.«

Das Los hat zwei Mädchen ausgewählt, Morvana aus Morbihan und Sioban aus Cornouaille. Sie sind zwölf Jahre alt. Ich bitte sie, sehr aufmerksam zu sein, weil ich ahne, daß die Tiere viel zahlreicher sind, als es scheint. Wir haben zehn gesehen, aber es sind wahrscheinlich zwei- oder dreimal soviel. Ich nehme immer nur zwei Kinder mit, aus Vorsicht, weil ich immer ein Auge auf sie haben und ihnen helfen möchte, falls es Schwierigkeiten gibt. Ein Tauchgang ohne Sauerstoffflasche mitten im Atlantik hat selbst unter Beachtung aller üblichen Vorsichtsmaßnahmen nichts mit einem Bad in Strandnähe zu tun. Außerdem respektiere ich unsere Gäste und möchte sie nicht durch zu viele Taucher beunruhigen.

Nachdem wir an einer Leiter hinuntergestiegen waren, ließen wir uns sachte und ruhig ins Wasser gleiten. Es kam nicht in Frage, mit großem Geplätscher über Bord zu springen, um in das Reich der Delphine einzudringen.

»Natürlich stoße ich bei jemandem, den ich nicht kenne, nicht einfach die Tür mit dem Fuß auf, ohne vorher anzuklopfen«, sagt Morvana. Diese spontane Bemerkung zeigt mir, daß die Jugendlichen verstanden haben, wie sie mit dieser Begegnung umgehen müssen.

Die Delphine waren noch da. Im allgemeinen sind die jungen Tiere am wenigsten scheu, es sind neugierige, aufgeweckte und unbekümmerte Heranwachsende. Und sie sind schlau, denn manchmal dient ihre Gegenwart in der Nähe eines Bootes dazu, die Aufmerksamkeit von ihrer Familie abzulenken. Die Weibchen mit ihren verletzlicheren Jungtieren halten sich dagegen zurück. Aber diesmal war es anders, denn die Gruppe kam auf uns zu, als wir gerade ein paar Schwimmzüge gemacht hatten. Die beiden Mädchen nahmen instinktiv meine Hände, eine rechts und eine links von mir, und dann bewegten wir uns nicht mehr. Die Delphine schwammen weniger als drei Meter entfernt unter uns durch. Ein Männchen hatte sich zur Seite gedreht, um uns zu beobachten. Wir trieben auf dem Wasser, Hand in Hand, in bunten Badeanzügen, mit Schwimmflossen, Taucherbrille und Schnorchel, ein seltsames Gebilde, das die Delphine da zu sehen bekamen.

Ursprünglich hatten Delphine Augen wie Landsäugetiere, und zweifellos waren diese unseren sehr ähnlich, d. h. sie waren an das Sehen in der Luft angepaßt. Als Delphine ein Leben im Meer wählten, hätten sie ohne Taucherbrille verschwommen gesehen, da die Abbildung eines Gegenstands im Wasser nicht mehr auf die Netzhaut, sondern dahinter projiziert wird. Deshalb tragen wir eine Taucherbrille, damit das Auge weiterhin von Luft umgeben ist. Im Laufe ihrer Evolution entwickelten die Waltiere sehr kräftige Augenmuskeln, um die Form der Linse zu verändern. Diese fast kugelförmige Linse, die der des Fisches ähnelt, sowie der abgeflachte Augapfel haben ihnen zu einer Sicht verholfen, die für das Leben im Meer geeignet ist. Sie verfügen somit über eine bessere Anpassungsfähigkeit und sehen im Wasser genauso gut wie außerhalb.

Da Meerwasser besonders ätzend ist, werden die Augen der Delphine von einem dicken gallertartigen Schleim geschützt, den besondere Drüsen ständig absondern. Er bedeckt die Netzhaut vollständig und erweckt außerhalb des Wassers den Anschein, als weinten die Tiere. Tatsächlich wäre es schwierig für sie, eine Träne zu vergießen, da sie keine Tränendrüsen besitzen. Sie haben Lider ohne Wimpern, welche sie vor allem beim Schlafen schließen.

Zahnwale sehen hauptsächlich monokular. Normalerweise sehen sie uns nur mit einem Auge, da sich diese an beiden Seiten des Kopfes befinden. Kleine Delphine haben immerhin ein binokulares Sehfeld, das ungefähr 20 Grad nach unten reicht und eine stereoskopische Sicht ermöglicht. Deshalb nehmen sie eine vertikale Position ein, bei der der Kopf aus dem Wasser ragt, wenn sie uns außerhalb des Wassers genau sehen wollen, und schauen uns über ihren Kiefer hinweg an.

Lichtstrahlen verbreiten sich schlecht unter Wasser, und es wird schnell dunkler, je weiter man sich von der Oberfläche entfernt. Man hat bei Waltieren ein reflektierendes Feld hinter der Netzhaut entdeckt. Seine Aufgabe besteht darin, das Sehen bei Dunkelheit zu ermöglichen, wobei das Licht wie von einem Spiegel reflektiert wird. Manche Spezies wie Schnabelwale, Pottwale und einige Grindwale, die zum Meeresboden tauchen, um dort Kalamares zu jagen, sehen schlechter als kleine Delphine. Es scheint aber, daß sie die leuchtenden Organe ihrer Beute, die sich in über 200 Meter Tiefe bewegen, aufspüren können. Buckelwale haben sehr bewegliche Augen, und ihre Pupillen öffnen sich in der Dunkelheit weit, um das kleinste Lichtfeld aufzuspüren, während sie einfache Schlitze bilden, wenn die Wale an die Oberfläche steigen. Andere Spezies, wie die Gangesdelphine, die in trüben Gewässern leben, haben winzige Augen ohne Linse; der Durchmesser ihres Sehnervs ist minimal und ihr Sehzentrum im Gehirn extrem zurückgebildet. In schlammigem Wasser ist es nicht sehr hilfreich, sehen zu können.

Lange Zeit hat man geglaubt, daß Delphine im Wasser einwandfrei sehen können, aber an der Luft kurzsichtig sind. Tatsächlich ist ihre Sicht aber viel effektiver, als man sich vorstellen kann. Experimente mit gefangenen Tieren haben gezeigt, daß ein unter der Wasseroberfläche schwimmender Tümmler einen fünf Meter über dem Becken befestigten Gegenstand einwandfrei anpeilen und mit jedem Sprung erreichen kann. Delphine können somit den aufgrund der Umgebung veränderten Brechungsindex korrigieren, sonst würden sie jedesmal danebenspringen. Dies setzt eine Anpassungsfähigkeit voraus, die die unsere weit übertrifft, und wir wissen noch sehr wenig über diesen Vorgang. Wir wissen jedoch, daß die Oberfläche ihrer Hornhaut unregelmäßig ist, was wahrscheinlich die Anpassung vom Wasser an die Luft erleichtert, da die Augenmuskeln eine

Änderung der Hornhautkrümmung ermöglichen. Wir haben auch geglaubt, daß Delphine keine Farben wahrnehmen können, da sie fast keine Netzhautkegel haben, aber Experimente mit gefangenen Tieren haben das Gegenteil bewiesen. Wir sehen also noch nicht sehr gut, was sie sehen.

Die Fleckendelphine, die zu unserer Begrüßung gekommen waren, zeigten sich sehr neugierig. Einer begann uns zu umrunden, und während ich ihn beobachtete, spürte ich, daß eines der beiden Mädchen meine Hand fester drückte. Dann senkte ich den Kopf... Mein Gefühl hatte mich nicht getäuscht.

Wir waren von Delphinen umringt. Einen Augenblick lang glaubte ich, in einen lebenden Fluß gesprungen zu sein, dessen Wellen uns nicht forttrugen, sondern umspülten, ohne uns zu berühren. Das Wasser war an diesem Morgen sehr klar. Wir konnten dreißig Meter weit nach unten schauen, und soweit das Auge reichte, sahen wir Tiere. Wir waren von einem Teppich aus Delphinen umgeben, und sicherlich schwammen noch welche weiter unten, außerhalb unserer Sichtweite. Wir fühlten die von den Delphinschwärmen verursachte Bewegung des Wassers wie ein Streicheln auf unserer Haut. Wir hörten sie auch pfeifen und klicken. Ich denke, daß die Herde, in der wir uns befanden, aus mehr als 300 Tieren bestand, habe sie aber zugegebenermaßen nicht gezählt. Es genügte mir, sie zu bewundern. Ich erinnerte mich an die unglaubliche Wanderung 14 Jahre zuvor im Golf von Biskaya. Wie oft hatte ich schon davon geträumt, mitten unter Delphinen zu sein. Und nun war es passiert. Diesmal handelte es sich nicht um eine Nomadenwanderung, da die Fleckendelphine das ganze Jahr über in den Azoren bleiben. Wir erlebten eine Art Tagesversammlung, in der Familien und Gruppen sich zusammenfanden, nachdem sie eine Zeitlang einzeln anderen Aktivitäten nachgegangen waren.

Meine beiden Mädchen waren entzückt, aber auch ratlos, und suchten meinen Blick, um sicherzugehen, daß keine Gefahr bestand. Ich lächelte ihnen zu. Gern hätte ich eine beruhigende

Geste gemacht, wenn sie auch nur einen Augenblick lang meine
Hände losgelassen hätten. Aber daran war nicht zu denken. Sie
waren zwar nicht verängstigt, aber dieses Gewimmel von Tieren
ließ ihr Herz so heftig schlagen, daß sie nicht mehr wußten, was
sie tun sollten. Ganz langsam beruhigten sie sich, und ich hörte,
wie sie durch ihren Schnorchel sprachen. Sicher äußerten sie
ihre Freude, ihr Erstaunen. Man konnte natürlich nicht verstehen, was sie sagten, aber jeder Ton erzeugte bei den Delphinen,
die am nächsten waren, eine Reaktion: Sie stoben nach rechts
und links auseinander oder tauchten ab. Andere folgten. Man
hätte meinen können, daß die von den Mädchen erzeugten
Geräusche die Herde überrumpelt hatten, so daß sich ihre Mitglieder zerstreuten. Aber sie kamen sofort wieder.

Und dann stieß eines der Mädchen einen richtigen Freuden-
schrei aus. Im Bruchteil einer Sekunde waren die dreihundert
Delphine panikartig verschwunden. Wir hatten das Gefühl, im
Leeren zu hängen. Sie waren so zahlreich gewesen, hatten uns
fast berührt, waren wie auf einer Rollbahn vorbeigezogen. Verschwunden, entflohen, weggezaubert. Wir haben sie an diesem
Tag nicht mehr gesehen.

Ich erinnere mich, daß ich meine beiden Taucherinnen später
verstohlen von der Brücke aus beobachtet habe. Ich sehe sie vor
mir, abseits von ihrer Gruppe sitzend, eine vorn in der Nähe des
Klüverbaums, die andere an der Treppe. Zwei Träumerinnen, die
ins Leere blicken. Ich weiß, daß sie noch einmal diese magischen
Augenblicke erlebten. Vorher hatten sie mit ihren Kameraden
gesprochen, hatten gestenreich ihre außergewöhnliche Begegnung geschildert. Später schrieben sie noch stundenlang in ihre
Notizbücher, zeichneten, versuchten, ihre Empfindungen zu
umschreiben. Aber in dem einen Moment, als ich sie überraschte,
waren sie mit ihren Empfindungen allein. Und sicher schlug ihr
Herz ein wenig schneller, als sie an die Fleckendelphine dachten,
die um sie herum das Meer aufgewühlt hatten. Es sind seltene
Gefühle, die uns ein Leben lang tief im Innersten begleiten.

7.

Der Riese war schlechter Laune

Es gibt zwei Möglichkeiten, um eine wissenschaftliche Expedition scheitern zu lassen: Man setzt die Gelder aus, oder man hat Pech. (Was, ehrlich gesagt, oft auf eine schlechte Organisation zurückzuführen ist. Das Glück fällt eben nicht vom Himmel, man muß es zu suchen wissen. Wenn man kein Glück hat, war man ungeschickt.) Die erste Möglichkeit hat mich, wie alle Wissenschaftler, oft daran gehindert, eine Arbeit zu Ende zu bringen. Die zweite hat eine meiner Meeresexpeditionen fast zum Scheitern gebracht. 1983 beging ich bei einer Zählaktion der großen Waltiere im Nordatlantik den Fehler, eine Mannschaftskameradin an Bord zu lassen, die sehr schnell »Chamäleon« getauft wurde, und zwar nicht, weil sie sich an ihre Umgebung angepaßt hätte, sondern aufgrund ihres Eifers, von einer Stunde zur anderen die Farbe zu wechseln.

Diese Expedition sollte sich über einen Monat erstrecken und hatte zum Ziel, in einem Teil des Nordostatlantiks Schätzungen über die Anzahl der Wale und Pottwale, die vor den europäischen Küsten leben, zu vervollständigen. Damals besaß Spanien noch eine Walflotte, aber es war bereits dabei, sich den Ländern anzuschließen, die einem Stopp der Jagd zustimmten. Aus diesem Grund finanzierte seine Regierung dieses Unternehmen weitestgehend. Wir hatten einen Thunfischkutter aus Vigo mit seiner galizischen Mannschaft angeheuert, um die kleine Gruppe katalanischer Wissenschaftler an Bord zu nehmen, unter die sich unser »Chamäleon« gemischt hatte. Ich war die einzige Französin.

In solche Expeditionen werden ungeheure Summen investiert, mehr als 30 000 Francs pro Tag auf dem Meer. Es ist öffentliches Geld, das dem Wohl der Allgemeinheit zugute kommen sollte. Man startet nicht zu einem »Spaziergang auf dem Meer«, wie manch einer es sich vorstellen mag, ohne die Arbeit minutiös vorzubereiten. Diese Vorbereitung erfordert jahrelange Forschungen und Berechnungen. In diesem Fall ging es darum, der internationalen Walkommission Statistiken zur Entscheidung über das Verbot oder die Genehmigung der gewerblichen Jagd auf große Waltiere zu liefern. Bevor wir an Bord unseres Thunfischkutters gingen, hatten wir deshalb ein genaues Zählprogramm auf einer genau festgelegten Route erstellt. 30 Tage auf dem Meer, die bestmöglich ausgenutzt werden sollten, d. h. Wache rund um die Uhr, für die wir uns mit Fernglas und Stoppuhr bewaffnet am Ausguck ablösten. Sobald man ein Tier sichtet, wird es identifiziert und sein Auftauchen auf die Sekunde genau festgehalten. Dann werden die Daten in Notebooks eingegeben. Es ist eine Geduldsprobe, da man mit Walen keinen Termin vereinbaren kann, und die Arbeit erfordert Aufmerksamkeit, eine genaue Kenntnis der Spezies und eine gute Verfassung. Es ist vorteilhaft, nicht seekrank zu sein.

Bis auf wenige Ausnahmen kann jeder Mensch auf einem Schiff seekrank werden. Selbst die erfahrensten Seeleute brauchen Zeit, bis sie seefest sind. In den ersten zwei oder drei Tagen versucht man auf seine Weise, mit den Anzeichen der Seekrankheit fertig zu werden. Im allgemeinen ißt man gut, trinkt viel, um einer Austrocknung vorzubeugen, schläft, unternimmt keine unnötigen Anstrengungen, vermeidet es, den Benzingeruch einzuatmen, und nimmt sich vor der Sonne in acht. Es sind Regeln der Vernunft, von denen unsere Katastrophenkameradin anscheinend noch nie etwas gehört hatte.

Das »Chamäleon« war Studentin an einer angesehenen spanischen Universität, als sie mit uns an Bord ging. Sie war 24 Jahre alt und stand kurz vor dem Abschluß. Ich hatte also keinen Grund, an ihrer Kompetenz zu zweifeln. 14 Jahre nach diesem Abenteuer kann ich ihre Eignung immer noch nicht beurteilen, da ich sie nicht einschätzen konnte: Das »Chamäleon« war von dem Moment an seekrank, als sie den ersten Fuß auf unseren Thunfischkutter setzte. Als wir am Abend in See stachen, lag sie apathisch auf ihrer Pritsche. Sie war grün im Gesicht. Am Morgen stand sie auf, weiß wie die Wand, mit leerem Magen, aber in Form. Im Badeanzug und mit extravaganter Sonnenbrille ging sie zum Vorschiff, um sich zu sonnen. Ich fühlte mich selbst nicht ganz wohl und versuchte halbherzig, sie davon abzubringen, aber sie wollte nicht hören. Nachdem sie sich zwei Stunden lang hatte braten lassen, sahen wir, wie sie krebsrot zu ihrer Kabine lief und dabei eine Hand vor den Mund hielt. Erst am Abend kam sie wieder heraus, kreidebleich, um die letzten Sonnenstrahlen auszunutzen, ohne zu essen oder zu trinken. Natürlich war sie vor Einbruch der Nacht wieder grün und sterbenskrank.

Dieses Hin und Her wäre eine Anekdote geblieben, wäre das »Chamäleon« nicht ein richtiger Dickkopf gewesen: am nächsten Tag die gleiche Szene. Nichts konnte ihre Meinung ändern, weder die Bitten ihrer Kommilitonen noch die Ratschläge der Seeleute oder mein eigenes Drängen. Wir unternahmen alles, um von der ersten Stunde an nicht seekrank zu werden, aber sie mühte sich ab, das Gegenteil zu tun. So machte sie nicht nur weiter, sondern verdoppelte sogar ihre Sonnendosis. Sie war morgens weiß, mittags rot und abends grün, Tag für Tag. Nach einer Woche auf dem Meer mußten wir umkehren, um unser »Chamäleon« in Vigo ins Krankenhaus zu bringen, da sie an Austrocknung litt. Das Spiel wäre fast dramatisch ausgegangen. Wir kamen rechtzeitig im Hafen an, und unsere Mannschaftskameradin wurde auf der Trage zum Krankenwagen gebracht, der am Quai wartete. Was noch zu ergänzen wäre und nur für mich von Bedeutung war: Ich teilte mit unserem Chamäleon die Kabine. Nacht für Nacht mußte ich mir auf sechs Quadratmetern ihr Klagen, Schimpfen, Stöhnen und ihre Verzweiflung anhören. Und eine Woche lang übergab sie sich in meine Stiefel.

Die Expedition hätte hier wegen eines gedankenlosen Dick-
kopfs enden müssen, aber glücklicherweise wurde das Programm nicht storniert, und wir erhielten neue Gelder, um wieder Kurs aufs Meer nehmen zu können. Mit einer Kameradin
weniger an Bord, die uns nicht sehr fehlte, nahmen wir wieder
die vorgegebene Route im Golf von Biskaya auf.

Die Route verlief eine Zeitlang am Rand der Kontinentalplatte. Diese Gegend ist Freizeitseglern und Teilnehmern an
Hochseeregatten gut bekannt, weil sie dort Gefahr laufen,
besonders harte Navigationsbedingungen vorzufinden. Entlang
dieser Linie, an der der Meeresboden plötzlich von 1 000 Meter
Tiefe auf ca. 200 Meter ansteigt, wühlen die Wellen der offenen
See das Meer auf. Außerdem ist es ein biologisch reicher Ort, da
es immer Fisch in Hülle und Fülle gibt, also ein Ort für Waltiere.

Zwei Wochen lang hatten sich die Tiere kaum gezeigt. Es
gibt nichts Ermüdenderes, als den ganzen Tag lang mit dem
Fernglas in der Hand auf dem Ausguck zu sitzen und das leere
Meer abzusuchen. Das ist für einige Stunden erträglich, aber bei
einer Zählaktion ist es besonders frustrierend, nervtötend und
erschöpfend. Außerdem läßt das Warten ein Gefühl der Schuld
aufkommen, von dem man sich nur schwer befreien kann. Auch
wenn die Abwesenheit der Waltiere für uns lediglich eine nega-
tive Beobachtung und kein Scheitern bedeutet, hat man doch
das Gefühl, seine Zeit und sein Geld zu verlieren. Wozu ist man
hierhergekommen?

Wir Forscher, die nichts tun konnten, waren erbost, aber die
spanischen Fischer waren begeistert. Die Männer von Manuel,
unserem Kapitän, fischten den ganzen Tag lang Thunfisch. Sie
fingen so viel, daß das Schiff aus allen Nähten platzte. Der
Laderaum quoll über, ebenso die Küche und die Verbindungs-
brücken, man nutzte das kleinste Schattenplätzchen auf der
Brücke und machte nicht einmal vor den Kabinen halt. »Bonito!
Bonito!« schrien die Fischer Manuels, während ich inständig

hoffte, daß sie »Ballena! Ballena!« rufen würden. Die Angellei-
nen wurden ausgeworfen, und schon kam der Thunfisch. Thunfisch im Dutzend. Der Koch war von diesem Überfluß berauscht
und übertraf sich in der Zubereitung selbst. Es gab Thunfisch in
Öl, Thunfisch in Tomatensauce, Thunfisch *à la plancha*, Thun-
fischsuppe. Thunfisch morgens, mittags und abends. Wir bekamen schon Verdauungsstörungen und träumten von Thunfisch.
Nach dieser Expedition habe ich zehn Jahre lang keinen Thunfisch mehr angerührt, beim geringsten Stückchen im Salade
Niçoise wurde mir übel.

Eines schönen Morgens, 300 Kilometer vor der französischen
Küste, ein Aufschrei: »Er bläst!«

Wir eilten zu unseren Zählposten. Die Wache zeigte mit aus-
gestrecktem Arm auf einen Punkt backbord am Horizont. Ich
richtete mein Fernglas gerade rechtzeitig aus, um eine zweite
Wassersäule zu sehen.

»Pottwale!«

Ein Schrei aus allen Kehlen. Die Tiere waren in etwa ein
Kilometer Entfernung aufgetaucht, aber der Blas des größten
aller Zahnwale ist auf den ersten Blick zu erkennen. Die Fontäne
steigt auf der linken Seite in einem Winkel von etwa 45 Grad zur
Wasseroberfläche auf, während die der anderen Wale ziemlich
gerade zum Himmel steigt. Bevor wir den Kapitän baten, Kurs
auf sie zu nehmen, stellte einer meiner Kollegen mittels GPS
unsere genaue Position fest. Bei diesen außergewöhnlichen
Expeditionen sind die gesammelten Daten nur von Wert, wenn
man einer genauen Route folgt. Verfolgt man einen Zickzack-
kurs oder dreht sich womöglich im Kreis, liefern die Beobachtungen keinerlei verläßliche Information. Wenn man die Route
verläßt, um sich den Waltieren zu nähern, muß man nach Been-
digung der Beobachtung umkehren und dorthin zurückkehren,
wo man abgebogen ist. Dann setzt man den ursprünglichen Weg
wieder fort.

An diesem Tag drosselte die Mannschaft die Geschwindigkeit, und wir näherten uns den gesichteten Pottwalen, einem Jungen mit seiner Mutter. Die unterschiedlichen Geschlechter sind bei Erwachsenen so ausgeprägt, daß der männliche Haremsvorsteher leicht zu erkennen ist. Ein Pottwal mißt bei seiner Geburt etwa vier Meter. Erwachsene Weibchen erreichen etwa zwölf Meter bei einem Gewicht von etwa 15 Tonnen, während Männchen manchmal länger als 16 Meter werden und 45 Tonnen wiegen können. Die Silhouette des Pottwals ist sicher die markanteste unter den Meeressäugetieren, obwohl er keine Rückenflosse besitzt. Statt dessen findet man auf seinem Rükken eine Reihe von Buckeln, die bis zur Schwanzflosse reichen, wobei der erste, oft dreieckige Buckel größer ist als die anderen. Seine Haut ist an den Seiten und auf dem Rücken faltig und von brauner bis grauer Farbe. Das s-förmige Atemloch liegt auf der linken vorderen Seite seines riesigen Kopfes und bestimmt somit die besondere Neigung des Blases. Der parallelepipedische [Parallelepiped: ein von drei Paaren paralleler Ebenen begrenzter Körper] Kopf macht fast ein Drittel der Körperlänge aus.

Ich hatte zum ersten Mal Gelegenheit, Pottwale zu sehen, und erinnere mich, daß ich von der Kraft, die diese Tieren ausströmen, überrascht war. Eine offensichtliche Unbesiegbarkeit, verstärkt durch den Eindruck der Ruhe. Wenn sie blasen, mißt man daran unweigerlich ihre kolossale Kraft. Sie bewegen sich scheinbar magisch wie alle Wale. Eine fast unmerkliche Bewegung der Schwanzflosse setzt sie in Bewegung, und diese Leichtigkeit hat sicher dazu beigetragen, daß sie als übernatürliche Monster angesehen wurden.

Wir stellten den Motor etwa 30 Meter von der Mutter und ihrem Jungen entfernt ab und hielten Ausschau nach weiteren Tieren. Ich nahm an, daß diese beiden nicht die einzigen in der Gegend waren. Zwar irren große Männchen in den Polargebieten allein umher, aber in den gemäßigten Gewässern bewegen sich die Pottwale in Herden. Diese bestehen entweder aus jungen Männchen oder aus Weibchen mit ihren Jungen. Meistens trifft man aber auf einen Harem mit einem riesigen Macho, der über die Weibchen, die er im Kampf erobert hat, wacht. In der Nähe der Küsten kann ein Harem aus ca. 40 Tieren bestehen, während es im offenen Meer meistens nur ein Viertel davon ist.

Ich hatte mich nicht getäuscht. Das Schiff hatte sich etwa 15 Minuten lang leicht von einer Seite auf die andere bewegt, als der Rest der Herde auftauchte: sechs Tiere einschließlich des Patriarchen, eines gigantischen Geschöpfs, das Moby Dick alle Ehre gemacht hätte, nur die Farbe war anders. Dieser hier hatte eine dunkle, graublaue, fast schwarze Haut, die von der Spitze der Schnauze bis zur Mitte des Körpers mit Narben übersät war, welche von erfolgreichen Kämpfen mit Riesenkalamares am dunklen Meeresboden zeugten. Er war etwas abseits von der Gruppe an die Oberfläche gekommen, näherte sich aber mit einigen Schwanzbewegungen und schob sich zwischen das Boot und seine Walkühe. Als ich ihn so nahe bei uns sah, forderte ich den Kapitän auf, langsam wegzufahren. Manuel leistete erstaunt Folge, wobei er etwas murmelte, das wohl heißen sollte, daß wir keiner Gefahr ausgesetzt seien. Damals war ich mir noch nicht so sicher. Heute würde ich ohne zu zögern zur Umkehr auffordern, weil die Botschaft des großen Bullen eindeutig war: Als er bei dem Boot anhielt, öffnete er seine Schnauze. Wenn ein Räuber seine Zähne zeigt, will er nicht lächeln, sondern davor warnen, daß er in der Lage ist zu töten.

Damals blieben wir in der Nähe der Pottwale. Ich hätte die Mannschaft nicht überzeugen können, sie so schnell zu verlassen, und ich hatte selbst unbändige Lust, sie weiter zu beobachten. Sie sind neben den blauen Walen die märchenhaftesten Geschöpfe, denen ich mich bisher nähern durfte. Man kann sich kaum vorstellen, daß das Leben so seltsame Formen der Maßlosigkeit annehmen kann. Insekten und Bakterien gesteht man die unglaublichsten Stoffwechsel zu, aber man verweigert sie Säugetieren. Sie sind uns zu ähnlich, und gleichzeitig wissen wir noch zu wenig über sie. Ihre ganz gewöhnlichen Tauchgänge geben uns immer noch Rätsel auf, auch wenn man gelegentlich physiologische Besonderheiten entdeckt, die den Ablauf teilweise erklären. Man weiß z. B., daß ihre Muskeln bis zu 50 % des gespeicherten Sauerstoffs absorbieren können, zweimal soviel wie Landsäugetiere. Es ist wahrscheinlich, daß ihr Walratorgan, welches einen großen Teil des Kopfes ausfüllt, ihnen auch beim Tauchen hilft. Die Nasenknochen und die Nebenhöhlen, die quer durch das Walrat verlaufen, ermöglichen es zweifellos, die Temperatur dieser öligen Masse, die im flüssigen Zustand 29 Grad beträgt, zu überwachen. Wenn ein Pottwal vom warmen Wasser an der Oberfläche in die Kälte der tieferen Regionen absteigt, erkaltet das Fett der Melone. Dadurch wird das Walrat fest, zieht sich zusammen und erhöht die Dichte des Kopfes, was den Abstieg erleichtert. Für den Aufstieg wird der Blutstrom in den Kapillargefäßen des Kopfes erhöht, um das Öl zu erwärmen. Damit erhöht sich die Schwimmfähigkeit, und das erschöpfte Tier steigt leichter. Aber vereinzelte Erklärungen und Hypothesen sind noch keine Anwort. Lange Zeit hat man geglaubt, daß sie nur bis auf 1 200 Meter absteigen, weil man in dieser Tiefe Tiere fand, die unter Telefonkabeln eingeklemmt waren. Das war schon unglaublich.

Heute zeigt unsere hochleistungsfähige Schallortung, daß Pottwale eine Tiefe von 3 000 Meter in unglaublicher Geschwindigkeit erreichen: 170 Meter pro Minute. Der Druck müßte das Tier unweigerlich zum Bersten bringen, dennoch hält es ihm mit Leichtigkeit stand und nimmt sich sogar noch Zeit, in den dunklen Tiefen zu jagen. Es bleibt, ohne zu atmen, mindestens eine Stunde lang und steigt dann mit 140 Meter pro Minute nach oben. Dieses Wunder konnte noch nie beobachtet werden, und es stellt für uns eine der größten Herausforderungen dar. Speziallabors wie Comex engagieren sich dafür, daß es möglich wird zu sehen, wie Pottwale am Meeresboden fressen. Theoretisch würde es genügen, eine Minikamera oben auf dem

Kopf eines Pottwals zu befestigen, aber dieses Gerät müßte dem Druck standhalten und in der Lage sein, in völliger Dunkelheit Bilder einzufangen. Dann müßten wir noch fähig sein, die Kamera unter Wasser per Fernbedienung zu steuern und sie vor allem in Sicherheit zu bringen, sobald der Pottwal wieder an die Oberfläche kommt. Wir haben für diese Probleme noch keine Lösungen gefunden, aber eine Mannschaft des berühmten *National Geographic* hat erste Versuche dazu unternommen. Auch Ohrenrobben können mehre Dutzend Meter tauchen, und es gibt Forscher, die sie ausrüsten wollen, um Waltiere zu filmen. Vorher müßte man die Ohrenrobben allerdings noch abrichten, damit sie ihren Kopf auf Abruf auf ihre »Komödianten« richten. Es gibt noch viel zu tun, wenn wir überzeugende Informationen sammeln wollen. Hier liegt ein phantastisches Forschungsfeld für Biologen, Techniker und Bastler, denn glücklicherweise ist es noch niemandem gelungen, einen Pottwal zu fangen, um ihn in einem 3 000 Meter tiefen Becken zu erforschen und ihm täglich 200 Kilogramm lebende Riesenkalamares zum Fraß vorzuwerfen.

Ich war begeistert, diese lebenden Berge in Bewegung zu sehen, und ich gebe zu, daß ich nach einigen Minuten in ihrer Gesellschaft meine Zweifel vergessen hatte. Aber als ich den großen Bullen tauchen sah, wurde ich wieder von dieser Unruhe gepackt. Er schien verärgert, uns seit einer halben Stunde um seine Walkühe kreisen zu sehen. Oder war es nur mein Unbehagen, das sich auf ihn übertrug? Ich sah mich um. Die Mannschaft schien unbeteiligt, und meine Kollegen waren vom Anblick der fünf Walkühe immer noch überwältigt. Plötzlich schien das Meer zu explodieren. Der große Bulle schoß 30 Meter von unserem Schiff entfernt aus der Tiefe empor. Er stieg fast senkrecht in voller Größe aus dem Wasser und zeigte dabei seine 15 Zentimeter langen Zähne. Dann ließ er sich auf den Rücken fallen. 40 Tonnen Muskeln, Knochen und Fett schlugen auf der Oberfläche auf. Der Faustschlag eines Riesen, der eine kleine Flutwelle auslöste. Unser 28 Meter langer Thunfischkutter begann, wie eine Nußschale auf dem Wasser zu tanzen. Glücklicherweise ist niemand über Bord gegangen.

Es war die zweite Warnung, und dieses Mal versuchte niemand, sie zu ignorieren. Wir hatten die Botschaft verstanden: Wir störten. Im Bruchteil einer Sekunde verließ der Wachposten den Ausguck, und Manuel sprang ans Steuer, um das Schiff wegzufahren. Leise stahlen wir uns davon. Ich weiß nicht, was die Wut des großen Bullen verursacht hatte, aber ich nehme an, daß wir ihn im falschen Augenblick erwischt hatten. Wenn ein Pottwal verletzt oder in Schwierigkeiten ist, bilden die Tiere seiner Gruppe oft eine »Gänseblume«, d. h. sie gruppieren sich um das Tier, das sie beschützen wollen, und legen ihre Stirn auf seinen Körper. Zu Zeiten der Großjagd brachte ihnen diese Solidarität den Tod. Ich hatte so ein Verhalten zwar nicht bemerkt, aber dieser Bulle war uns – sicherlich nicht grundlos – vom ersten Augenblick an feindlich gesinnt gewesen. Vielleicht gab es in der Gruppe ein krankes oder ganz junges Tier, weshalb unsere Gegenwart möglicherweise als Drohung interpretiert wurde. Wenn unser Schiff kleiner gewesen wäre, wäre er vielleicht nochmals gesprungen, um sich dieses Mal unter Lebensgefahr auf uns fallen zu lassen, wie seine Vorfahren es taten, als sie die Walboote, die sie bedrängten, in Stücke brachen. Es war besser zu fliehen, denn wir waren nicht gekommen, um die Riesen zu provozieren.

Wir fuhren zurück und nahmen unsere ursprüngliche Route wieder auf. Vier Tage lang begegneten wir Finnwalen und vielen Delphinherden, aber wir sahen keine Pottwale mehr. Die Beobachtung ging gut vonstatten, aber etwas war anders: Manuels Männer fischten nicht mehr. Ich dachte natürlich nicht daran, mich zu beschweren, sondern hoffte, daß auch sie es nun satt hatten, zu jeder Mahlzeit Thunfisch zu essen. Leider hatte ich mich getäuscht. Als wir am fünften Tag französische Fischerboote sichteten, bat Tony, der Gnom, mich verlegen, mit mir unter vier Augen sprechen zu dürfen:

»Wir haben ein Problem«, sagte Tony.

Obwohl dieses seltsame Schiff keinen einzigen Angelsachsen beherbergte, sprachen wir oft Englisch. Die Mannschaft war galizisch, meine Kollegen katalanisch. Es kam für sie nicht in Frage, sich auf katalanisch zu unterhalten. Tony sprach mit mir in gebrochenem Englisch mit einem singenden Tonfall, der mich normalerweise amüsierte. Diesmal war es anders.

»Man hat mir gesagt, daß Sie bretonischer Abstammung sind. Die Fischer hier sind auch Bretonen.«

Ich bin nur zur Hälfte bretonischer Abstammung, aber mein Herz schlägt ganz und gar für die Bretagne. Meine Eltern besaßen ein Haus in der Nähe von Camaret, wo wir immer die Ferien verbrachten. Später wohnte ich während meines Studiums in Brest auf der Halbinsel Crozon. Als ich Tonys Frage bejahte, fuhr er fort:

»Wäre es Ihnen unangenehm, die Bretonen um einen Gefallen zu bitten?«

»Überhaupt nicht. Was möchten Sie von ihnen?«

»Künstliche Köder.«

»Zum Angeln? Heißt das, daß Sie nicht mehr angeln, weil Sie keine Köder mehr haben?«

Tony nickte.

»Und Sie möchten, daß ich sie bitte, Ihnen welche zu überlassen?«

Erneutes Nicken. Ich war in der Klemme. Die Vorstellung, auf der Brücke und in meinem Teller wieder Thunfisch vorzufinden, verursachte mir Übelkeit. Aber wie konnte ich ablehnen. Die Mannschaft würde es mir übelnehmen, und die schlechte Stimmung würde unseren Auftrag beeinträchtigen. Wenn es mir aber gelänge, die Gunst der französischen Fischer zu erlangen, obwohl die beiden Flotten miteinander konkurrierten, oft auf brutale Weise, würde ich von ihnen alles, was ich wollte, bekommen; außer natürlich, daß uns kein Thunfisch mehr serviert wird. Sie hätten es nie verstanden, daß ich genug davon hatte.

»Gut, Tony, kommen Sie mit mir zum Funkgerät.«

Mir blieb nur eine Hoffnung: daß die Franzosen es ablehnten, Köder herzugeben. Der erste Bootsbesitzer, den ich über UKW ansprach, war von Guilvinec. Ich stellte mich vor, und er schrie:

»Anne Collet? Du bist doch aus Camaret, oder?«

Er war vor der Reede von Brest gekreuzt und kannte die Rennboote, auf denen ich als Mannschaftsmitglied gewesen war. Ohne zu zögern, gab er uns seine Köder. Er legte sie in ein hermetisch abgeschlossenes Plastikfäßchen, das unsere galizischen Fischer mit einem Bootshaken auffischten. Da französische Köder sich von den spanischen unterscheiden, war Tony zuerst sprachlos. Doch dann entschied er, daß auch sie in der Lage sein würden, mit diesen seltsamen Ködern Thunfisch zu angeln, wenn die Bretonen dies schafften. Und wieder wurde in rauhen Mengen geangelt: Thunfisch morgens, mittags und abends. Und das verdankte ich mir selbst. Ich habe es mir nie verziehen.

Natürlich sind nicht alle Zählungen im Meer so malerisch. Auch werden nicht alle Aktionen von der Seekrankheit eines Chamäleons, der Besessenheit galizischer Fischer oder den Kopfsprüngen von Pottwalen diktiert. Unsere Aktion war einmalig und nützlich: Drei Jahre später wurde das kommerzielle Abschlachten der Wale und Pottwale endlich verboten, was teilweise auf die Arbeiten während dieser Überquerung des Golfs von Biskaya, aber auch auf andere Missionen dieser Art zurückzuführen ist.

8.

Das Morgenbad mit Moby Dick

In seiner Faust schien der Schaft der Harpune nicht viel dicker als der Griff einer Hacke zu sein, und doch war dies die Hand eines Jägers: groß, dick, schwielig, und seine Waffe war nicht für das Händchen eines Schwächlings gemacht. Der Mann war noch kräftig trotz seiner 70 Jahre: weiße Haare, ein Gesicht, das von Salz und Sonne zerfurcht war, sicherlich hatte er seit langem Schmerzen im Kreuz und in den Schultern, und seine Augenkraft hatte nachgelassen, aber man ahnte, daß die Kraft, die er am Steven [vordere und hintere Begrenzung des Schiffskörpers] der Walschiffe entwickelt hatte, in den Jahren seines Ruhestands kaum nachgelassen hatte.

Für uns schwang der Jäger seine Harpune und machte die hundertmal ausgeführte Geste vor: »So!« Die Waffe war immer noch in seiner Faust, aber man erahnte den kraftvollen Wurf, mit dem der Stahl zehn Meter weit fliegen und zielsicher in die Haut eines Pottwals eindringen konnte. Wie viele hatte er getötet? Einige Dutzend, darunter Riesen, enorme Walbullen, in deren Gegenwart das Schiff der Jäger sehr zerbrechlich schien. Bei jedem Zweikampf mit dem Pottwal hatte der alte Jäger wie alle seine Kameraden, Freunde und Brüder sein Leben riskiert. Einige von ihnen waren nie wieder zur Insel zurückgekehrt. Mit einer einzigen Schwanzbewegung, einem einzigen Sprung konnte ein Tier, das durch das Eisen in seiner Haut wild geworden war, ein Walboot der Azoren in Stücke brechen.

Vor seinem Haus in Pico legte der Jäger seine Waffe auf den Boden, wie es ein Ritter aus der Legende vor einem Schloßportal tat, und fing an, Geschichten zu erzählen. Seine eigenen Geschichten, Erzählungen von Wut, von Blut und Gischt, von

Tod. Er zählte die »Wohltaten« seiner Jagd auf, da man aus dem
Öl der Pottwale Seife, Margarine, Nitroglyzerin und Farben
machen und das Fell von Gemsen färben konnte. Das Walrat
wurde für Kerzen, Schleifpasten, Stifte, Kreide, Lebensmittel-
verpackungen, Lippenstift, Wimperntusche und Shampoo verwendet. Die Kinder der *Fleur de Lampaul*, die um ihn herum
versammelt waren, machten große Augen. Sie glaubten ihren
Ohren nicht zu trauen. Der beeindruckende Alte war ihnen als
Held vorgestellt worden, und nun stellte sich heraus, daß er
Waltiere umgebracht hatte. Und dabei hatte er keinerlei Schuld-
gefühle. Im Jahr 1991 konnte man in der Vorstellung eines drei-
zehnjährigen Jugendlichen nicht mehr beides zugleich sein:
Held und Schlächter von Waltieren. Unsere Kinder wachsen mit
der Ökologie auf, und man bleut ihnen zumindest einen theore-
tischen Respekt vor der Natur ein. Wale und Delphine sind für
sie Symbole eines Heiligtums ihrer Träume. Die Menschen, die
sie töten oder getötet haben, sind Barbaren, die das Leben ver-
fluchen, Monster. Und doch war dieser alte Mann hier mit den
starken Händen, den Schultern eines Möbelpackers und der
ernsten Stimme alles andere als ein Totschläger. Die Kinder
fühlten es, sie entdeckten, daß fertige, grobe Vorstellungen selten gute, gerechte Vorstellungen sind. Sie entdeckten, daß man
den Tod von Dutzenden herrlicher Tiere verursacht haben kann
und doch ein guter Mensch bleibt.

Offensichtlich hatte dieser alte Walfänger der Azoren, der
ihnen gegenüberstand, niemals ein Fabrikschiff befehligt, einen
dieser riesigen Fleischwölfe für Waltiere. Dieser Jäger aus Pico
war aufrecht auf dem Vorschiff eines Bootes gestanden, das zehn
Meter breit war und mit Rudern bewegt wurde. Er hatte seine
Lanze vor einem Tier erhoben, das tausendmal größer und
schwerer war als er. Er hatte niemals einen Harpunenwerfer mit
Sprengkopf gesehen. Seine Jagd war ein Kampf. Und wenn er
einen Pottwal harpuniert hatte, mußte er noch Mann gegen Tier
bis zu dessen Tod kämpfen. Danach schleppten die Männer den

Wal bis zu ihrer Insel, zogen ihn mit Hilfe einer Winde auf einem *Sleepway* an Land, wo sie ihn zerlegten, sein Walrat herausnahmen und seinen Speck herauslösten, so wie man eine Banane schält. All das wurde geschmolzen und nach Europa verkauft. Diese Art der Jagd hatte nicht lange gedauert, nur etwa 100 Jahre. Die Verfolgung der Pottwale begann in den Azoren Mitte des 19. Jahrhunderts, als Furchenwale und Buckelwale bereits seltener wurden. Allerorts wurde nach Öl gefragt. Die Bartenwale waren bereits seit Jahrhunderten systematisch verfolgt worden. Die Holländer hatten in Spitzbergen sogar eine Stadt zum Abdecken von Waltieren gegründet, die »Stadt des Fetts«, in der 18 000 Menschen arbeiteten. Sehr viel später, als die Portugiesen in den Azoren anfingen, den Pottwalen die Stirn zu bieten, war die Jagd auf Wale schon längst zum Massaker geworden. Genaue Navigationsinstrumente, verläßliche Wettervorhersagen und neue Technologien erlaubten es den Walfangflotten, Waltiere in großem Stil auf allen Weltmeeren zu verfolgen. Die Zahl der Expeditionen zu weit entfernten Zielen vervielfachte sich. Die südliche Hemisphäre wurde zum bevorzugten Jagdrevier für Walfänger. Zu diesen Horizonten drangen die Seeleute der Azoren nie vor, diese technischen Hilfsmittel benutzten sie nie. Vor dreißig Jahren war das Harpunieren noch eine traditionelle Angelegenheit. Die Walkutter waren nur mit Motoren ausgerüstet, das war der einzige »Fortschritt«, den sie jemals akzeptierten. Ihre Abenteuer blieben im Gedächtnis haften, aber ihre Fänge waren minimal im Vergleich zu den Massakern, die andernorts geschahen, vor allem in den südlichen Meeren. Sie töteten nur ein Dutzend Wale pro Jahr und haben die Spezies nie gefährdet. Anderswo floß das Blut in Strömen. Von 1956 bis 1965 wurden weltweit ungefähr 404 000 Bartenwale und 228 000 Pottwale abgeschlachtet. Allein im Jahr 1964 bezahlten mehr als 29 000 Pottwale die Gier der Menschen mit dem Leben, eine tödliche Gier, die das biologische Gleichgewicht des Planeten gefährdet.

Sicherlich hatte der alte Harpunierer der Azoren diese Zahlen noch nie gelesen, und falls doch, hatten sie für ihn keine Bedeutung. Den Kindern der *Fleur de Lampaul* erklärte er noch, daß er nicht verstehe, warum man ihn eines Morgens im Jahr 1975 gezwungen habe, die Jagd auf Pottwale einzustellen. Diese gefährliche, edle Jagd. Auf den Kreuzfahrten der *Fleur* lernt man fürs Leben unter dem Vorwand des Abenteuers. Die Kinder waren in der Lage, dem alten Fischer, der Pottwale getötet hatte, zuzuhören und ihn auch tatsächlich zu hören. Sie lernten eine Lektion, bevor sie sich ihrerseits aufmachten, die Riesen zu nekken, allerdings mit leeren Händen.

Zwei Tage nach diesem Gespräch stach die *Fleur* wieder in See. Wir setzten den Weg zusammen mit einem anderen wissenschaftlichen Segelschiff fort, der *Song of the Whales,* die kleiner als die *Fleur* ist und seit einigen Jahren mit dem Skipper Jonathan Gordon in den Azoren kreuzt, um Pottwale zu beobachten. Jonathans Forschungstechnik basiert auf der Akustik. Er bedient sich eines Unterwasser-Richtmikrophons, Empfängern und Computern sowie Programmen, die speziell dafür entwickelt worden sind, die Tiere aufzuspüren, zu identifizieren, ihnen zu folgen und sie einzuholen. Im Lauf der Jahre ist *Song of the Whales* ein richtiges schwimmendes Labor geworden, angefüllt mit Bildschirmen, Tastaturen, Rechnern und hochentwickelten elektronischen Geräten. Es gibt keine freie Pritsche mehr, keine Küche, keinen leeren Schrank. Jonathan war so freundlich, unsere Praktikanten an Bord zu nehmen und sie in seine Arbeit einzuführen.

Wir mußten etwa zehn Stunden fahren, eine ganze Nacht lang, um auf die Tiere zu stoßen: sieben Pottwale, und zwar nur Weibchen mit ihren Jungen. Diesmal wollten wir sie im Zodiac besuchen.

Ich bin sicher, daß meine jungen Begleiter auf dem Schlauchboot, das auf den Wellen immer mehr tanzte, je näher wir den schwarzen Rücken kamen, an den Harpunierer von Pico dachten. Wahrscheinlich hatten sie auch noch die Szenen aus Moby Dick vor sich, die am Vorabend in der Messe des Seglers vorgelesen worden waren. »Plötzlich begann die Woge zu wachsen, und um sie herum entstanden viele langgezogene Wellen, welche urplötzlich barsten, als ob ein Eisberg, der mit einem Schlag auftaucht, sie zur Seite geschoben hätte. Man hörte ein tiefes Atmen wie ein kraftvolles unterirdisches Murmeln. Die Männer hielten den Atem an, als plötzlich der riesige Körper schräg aus der Tiefe emporschoß, bedeckt mit verknäulten Leinen, Harpunen und Lanzen. Er schien einen Augenblick in der Luft zu hängen, umgeben von einem Schleier aus feinem Sprühregen, der einen Regenbogen bildete, dann fiel er schwer in den Abgrund des Wassers zurück. Das Wasser, das wie eine Fontäne in einem Strahl etwa 30 Fuß emporschoß, bevor es in einem Schauer wieder herunterkam und die Oberfläche um die marmorierte Masse des Pottwals wie frisch gemolkene Milch aufschäumte, glitzerte und glänzte in der Sonne.« Die Legende der Pottwale in wenigen flammenden Worten.

Man muß schon die Brücke eines soliden Schiffes von 20 Meter Länge wie die *Fleur* verlassen und sich ihnen auf einem kleinen Boot nähern, das so flach auf dem Wasser liegt wie die Kutter der Walfänger, um die von Herman Melville gesammelten Empfindungen der Seeleute von Nantucket und New Bedford nachzuempfinden. Pottwale sind wirklich beängstigend wie kein anderes lebendes Geschöpf. Wenn »die Woge plötzlich zu wachsen beginnt und um sie herum viele langgezogene Wellen entstehen«, stockt einem der Atem, und man muß der Panik, die in einem hochkommt, Herr werden. Das Auftauchen der größten Wale erzeugt nicht so ein Frösteln, vielleicht weil wir sie nicht als Räuber betrachten, sondern in ihnen eher Tiere sehen, die Krill »weiden«. Pottwale sind mit Zähnen bewaffnet und besitzen die Intelligenz zu jagen, d. h. Beute zu verfolgen, mit ihr zu kämpfen, sie zu packen und sie zu töten. Selbst wenn sich dieses Potential nicht zeigt, spüren wir es instinktiv. So wie wir auch merken, daß wir ihnen in keiner Weise ebenbürtig sind.

Die *Fleur* war nicht zufällig auf die Gruppe der Pottwale gestoßen. Ich hatte den alten Harpunierer von Pico gefragt, und er war gerne bereit gewesen, mir einige seiner nunmehr überflüssigen Geheimnisse zu verraten. Ich benötigte eine präzise Ortsangabe, denn wir waren sicher, in den Gewässern der Azoren diese Tiere zu finden, da sie dort im Frühjahr erscheinen und Anfang Herbst wieder verschwinden. Die »Krippen«, die aus Weibchen und ihren Jungen bestehen, verbringen die meiste Zeit in den tropischen und subtropischen Gewässern, während die Männchen mehr reisen, und zwar vom Äquator zu den Polarmeeren. Man hat in Island einmal einen Pottwal gefangen, in dessen Haut eine Harpune steckte, die man ein Jahr zuvor in den Azoren auf ihn abgeschossen hatte. Im Sommer wandern sie aufgrund komplizierter Rhythmen, die sich im Lauf der Lebensjahre ändern, nach Norden. Zuerst bleiben die jungen Männchen bei den Weibchen, dann wandern sie, je älter sie werden, in Gruppen ab. Später, wenn sie alt geworden sind, bleiben sie oft die meiste Zeit allein. Es sind Mechanismen, die wir immer besser verstehen, die uns aber viele Jahre lang verborgen blieben, weil wir glaubten, daß ihre Wanderungsschemata denen der Wale ähneln. Wir waren auf dem falschen Weg und in Zukunft müssen wir, um Gewißheit zu erhalten, noch eingehendere Forschungen betreiben. Jedenfalls wissen wir, daß die Krippen erhalten bleiben und die Männchen während der Fortpflanzungszeiten zu ihnen stoßen. Dann kämpfen die Bullen mit Kopfhieben und Zähnen gegeneinander, um ihren Harem zu erobern. Sie nehmen sich nicht jedes Jahr die gleiche Herde. Sie pendeln von einer zur anderen, bleiben eine Saison lang treu, solange die Liebe anhält. Da sie praktisch ihr Leben lang, etwa 70 Jahre, wachsen, sind die Männchen um so größer, je älter sie sind. Oft gehen diese riesigen Patriarchen als Sieger aus den Titanenkämpfen hervor, manchmal auch mit Hilfe der Weibchen. Und oft auf Kosten eines gebrochenen Kiefers. Die Weibchen, auf die wir zusteuerten, hatten keinen Bullen bei sich. Vielleicht war er schon gen Norden gezogen oder auf Tauchstation.

Als wir 50 Meter von den Tieren entfernt waren, bat ich, den Motor abzustellen. Ein Erwachsener sollte im Boot bleiben, um eingreifen zu können, während die beiden Kinder und ich im Wasser waren. Die Sicherheitsvorschriften hierfür sind sehr streng, aber einfach: keine Schreie, keine unkontrollierten Bewegungen, kein unangebrachtes Schlagen der Schwimmflossen, zusammenbleiben, sich nicht aus dem Blickwinkel der Pottwale, die eine schlechte binokulare Sicht haben und den Kopf nicht drehen können, entfernen. Unsere Gastgeber sollen nicht gezwungen sein, sich um sich selbst zu drehen, um uns zu sehen. Wir sind bei ihnen, sie haben uns nicht eingeladen, und wir müssen uns wie Besucher benehmen, die zufällig vorbeigekommen sind. Ein letzter Blick zu den Pottwalen.

»Sie sind ruhig, auf geht's.«

Die Kinder schienen sich nicht wohl zu fühlen, sie zögerten. Sicherlich waren die Erzählungen des Harpunierers oder die Lektüre von Herman Melville schuld daran.

»Woher weißt Du, daß sie ruhig bleiben werden?«

Ich mußte sie unbedingt beruhigen, sonst riskierten sie unbeabsichtigt, die Tiere zu erschrecken. Ich sprach vom friedlichen Verhalten der Gruppe, von ihren langsamen Bewegungen, davon, daß die Weibchen kein Aufhebens von uns machten, und von der Neugierde der Jungen. Aber einen rationalen Beweis konnte ich ihnen nicht liefern. Es war einfach Intuition. Ich war im Innersten überzeugt, daß ich kein Risiko einging. Ein Räuber zeigt sein Vorhaben immer an. Man muß seine Warnungen nur verstehen. Man muß bereit sein, beim geringsten Zeichen der Feindschaft oder des eigenen Zweifels umzukehren. Ich bin sicher, daß kein Waltier versuchen würde, einen Menschen im offenen Meer anzugreifen. In seinem Element gibt es keine oder nur wenige Räuber, und er weiß, daß er eine ihm unangenehme Situation sehr schnell beenden kann: Er taucht. Und niemand kann ihm folgen. Ein Tier, das bei Gefahr fliehen kann, ohne sein unmittelbares oder späteres Überleben zu gefährden, zum Beispiel wenn es kein Revier verteidigen muß, wird im allgemeinen diese Möglichkeit wählen, statt anzugreifen. Ein Kampf ist riskanter, man muß vielleicht Schläge einstecken. Diese Überzeugung kann man jedoch schlecht vermitteln, wenn man schon die Schwimmflossen an den Füßen hat und in Hörweite von zehn oder 15 Tonnen schweren Kreaturen ist. Schließlich war es wohl eher die Anziehungskraft der Pottwale als meine Erklärungen, die meine jungen Komplizen beruhigte, und wir gingen ins Wasser.

Diesmal begleiteten mich Guillaume und Pierre, zwei Jungen im Alter von zwölf bis dreizehn Jahren. Normalerweise waren sie Draufgänger, die ersten in den Wanten [starke Stahltaue, auf Segelschiffen auch Hanftaue, die paarweise die Masten seitlich abspannen], die ersten beim Kopfsprung von der äußersten Spitze des Klüverbaums. An diesem Tag jedoch spürte ich ihre Ängstlichkeit, ihr Zögern. Sie schwammen so nah bei mir, daß ich Mühe hatte, mich zu bewegen. Um ihnen zu helfen, sich zu entspannen, schlug ich ihnen vor, die Tiere in drei bis vier Meter Tiefe zu beobachten, da das Wasser sehr klar war und ich wußte, daß sie gut tauchten. Sie waren einverstanden, und wir tauchten geräuschlos wie Enten. Die Pottwale unterhielten sich. Natürlich hörten wir sie nicht so gut wie heute morgen, als wir nacheinander den Kopfhörer des Hydrophons aufgesetzt hatten. Unsere Ohren sind nicht dafür gemacht, unter Wasser zu hören. So wie unsere Augen unscharf abbilden, wenn sie mit dem flüssigen Element in direkte Berührung kommen, nehmen unsere Ohren im Wasser nur einen begrenzten Teil der tiefen Töne auf. Dennoch hörten wir ein Klicken und Klacken, eine Art Klage wie erstickte Schreie und dann ein Knarren wie von einer Tür, deren Angel schlecht geölt ist. Das Konzert dauerte nur wenige

Sekunden. Wir stiegen an die Oberfläche, und als wir noch einmal tauchten, waren sie stumm. Meine Gefährten waren verblüfft.

»Glaubst Du, daß sie miteinander gesprochen haben?«

»Sie kommunizieren. Man hört sie so selten, daß man lange Zeit geglaubt hat, sie seien stumm. Meistens hört man nur die Schreie der Bullen, wenn sie miteinander kämpfen.«

»Glaubst Du, daß sie sich etwas erzählen ... über uns?«

Es wäre mir schwer gefallen zu antworten. So zog ich nur die Schultern hoch. Die Darbietung der fünf Weibchen und ihrer zwei Jungen war märchenhaft. Sie schwammen in einem Halbkreis um uns herum, manchmal tauchten sie zehn Meter tief, dann kamen sie in einer Fontäne nach oben. Es schien, als ob die Mütter und Tanten tanzten, damit die Jungen sich um sie drehen und spielen konnten. Sie schienen sich überhaupt nicht um uns zu kümmern, so daß einer meiner Taucher beunruhigt war.

»Und wenn sie uns gar nicht gesehen haben? Was werden sie tun, wenn sie uns bemerken?«

»Mach Dir keine Gedanken, sie haben uns gesehen. Selbst wenn sie uns nicht gesehen hätten, würden sie uns hören und riechen. Oder genauer gesagt ›schmecken‹.«

Das war ein Schnitzer. Die Pottwale konnten uns unter Wasser gar nicht »riechen«, da ihr Atemloch hermetisch abgeschlossen ist. Und das Wort »schmecken« war hier nicht ganz angebracht, denn man hätte denken können, daß die Waltiere vorhatten, uns zu verspeisen. Ich hatte keine Zeit für Erklärungen, aber ich versprach, dies an Bord der *Fleur* nachzuholen. Pottwale bemerken dank ihrer Geschmackszellen im Maul Änderungen des Salzgehalts und der chemischen Zusammensetzung des Wassers. Diese sichern ihren Fortbestand, da das Auffinden von Nahrung oder eines Geschlechtspartners davon abhängt. Sie »riechen« die von ihrer Beute abgesonderten Substanzen, allerdings sehr schlecht, da ihre Geruchsrezeptoren und Geruchswölbungen praktisch verschwunden sind. Sie haben in ihrem Maul einen sehr viel feineren Geschmack, und sie analysieren die im Wasser aufgelösten Moleküle, die noch lange nachweisbar sind. Bei Zahnwalen existieren die Zellen der Nasenschleimhäute ihrer Vorgänger, der Landsäugetiere, nicht mehr. Sie wären nicht mehr von Nutzen. Jetzt ist ihr Atemloch im Wasser hermetisch abgeschlossen und öffnet sich nur kurz, wenn sie auftauchen. Dagegen scheinen Wale, die keine Schallortung besitzen, über einen besseren Geruchs- oder Geschmackssinn zu verfügen als Pottwale. Sie benutzen ihn zum Auffinden von Krillschwärmen, mit denen sie sich vollstopfen. Aber auch hier ist nichts fest vorgegeben. Kürzlich haben Forscher am Zungenansatz einiger Zahnwalarten Papillen und Furchen mit chemisch empfindlichen Zellen entdeckt, die Geschmacksempfindungen ermöglichen. Diese Delphine sind also in der Lage, eine Vielzahl chemischer, im Wasser aufgelöster Substanzen aufzuspüren. Sie unterscheiden, was man als süß, unverdorben, bitter und salzig bezeichnen könnte. Wenn man ihnen in Gefangenschaft Makrelenstücke zu fressen gibt, weisen sie diejenigen Stücke zurück, die nicht absolut frisch sind. Ich hatte also nicht gelogen, als ich sagte, daß Pottwale Menschen, die sich ihnen in ihrem Umfeld nähern, »schmecken«. Aber dank ihrer hervorragenden Schallortung spüren sie uns vor allem anhand der Geräusche auf, die wir machen.

Wir näherten uns weiter vorsichtig und hielten in respektvoller Entfernung an. Die Tiere tanzten immer noch ihren grazilen und dennoch kraftvollen Tanz, und ich war überzeugt, daß sie ihr Verhalten uns gegenüber nicht ändern würden, solange wir nicht den unsichtbaren Kreis überschritten, der den Raum abgrenzte, in dem sie sich sicher fühlten. Sie haben keine Angst vor Menschen, und falls doch eine gewisse Furcht besteht, ist diese wohl vergleichbar mit der, die wir vor einer Spinne auf dem Tisch haben. Wenn sie sich entfernt, empfinden wir nichts außer vielleicht Abneigung. Wenn sie sich aber plötzlich desorientiert umdreht und mit ihren langen haarigen Beinen auf uns zuläuft, können wir grundlos von Furcht gepackt werden und klatsch ist es aus mit der Spinne. Wir hatten jedoch nicht vor, uns durch die Schwanzbewegung eines Pottwals auslöschen zu lassen. Wir schwammen an der Oberfläche oder tauchten einige Meter tief und hielten dabei den meiner Meinung nach erforderlichen Sicherheitsabstand ein. Die beiden Jungen fingen an, sich zu entspannen, und ich sah in ihren Augen, daß die Unruhe einer Begeisterung wich. Wieder fragte ich mich, wer wen beobachtete. Wir hatten die Pottwale aufgesucht, um sie zu betrachten, und sie ließen uns herankommen, um uns aus der Nähe anzusehen. Einer der beiden kleinen Pottwale schien sich nicht vom Rockzipfel seiner Mutter lösen zu wollen. In einer Art Pantomime paßte er seine Bewegungen den ihren an, und manchmal glaubten wir, ein verkleinertes Spiegelbild zu sehen. Plötzlich öffnete die Mutter ihr Maul weniger als 15 Meter von uns entfernt. Meine Begleiter hielten sofort inne und kamen langsam wie Ballons nach oben. Ich hatte ihnen von meiner früheren Begegnung mit Pottwalen auf dem ozeanographischen Thunfischkutter erzählt, und sie hatten sich die Lektion gemerkt: Ein Räuber, der seine Zähne zeigt, will uns normalerweise nicht zulächeln. Es war eine gute Reaktion, auch wenn das Weibchen diesmal offensichtlich keinerlei Aggression gezeigt hatte. Dieses offene Maul war wohl eher eine Botschaft für ihr Junges gewesen. Nichtsdestotrotz hatte sie ihr zwei Meter langes Gebiß mit etwa 40 konischen Zähnen, wovon jeder wohl ein Kilogramm wog, gezeigt – eine Falle, die wir uns selbst in unseren schlimmsten Alpträumen kaum vorstellen können. Zähne diese Art haben zu den größten Phantastereien inspiriert. Man stellte die Hypothese auf, daß ihre weiße Farbe Kalamares aus der Tiefe des Meeres anziehe und sich diese darauf stürzten wie Seeleute auf Sirenen, um sich dann zermalmen zu lassen. Allerdings sind die Kopffüßer, die man in den Mägen von Pottwalen findet, nicht zerkaut, sondern noch ganz, da ihre

Räuber keine Zeit damit verloren haben, sie zu kauen. Sie hätten im übrigen Schwierigkeiten damit, da ihre phantastischen Kiefer nur unten mit Zähnen bestückt sind. Oben haben sie Zahnfächer – das sind Löcher, in denen die unteren Zähne stecken, wenn der Riese sein Maul schließt. Genauer gesagt, sind im oberen Kiefer Zahnreste, die jedoch nie das Zahnfleisch durchstoßen. Pottwale nehmen täglich etwa drei bis vier Prozent ihres Gewichts auf. Dennoch sind die Zähne der ältesten Tiere abgenutzt und stumpf, was bedeutet, daß sie auf etwas herumbeißen, man weiß jedoch nicht, worauf.

Das Gebiß der Waltiere ist sehr ungewöhnlich. Die Tiere, die sich von Kalamares ernähren, haben ein reduziertes Gebiß. Das gilt für Grindwale, Rundkopfdelphine und Zwergpottwale. Schnabelwale und jene Wale, die sich von Kopffüßern ernähren, besitzen nur zwei Zähne im Unterkiefer. Diese dürften nicht allzu nützlich sein, da sie bei den Weibchen oft unter dem Zahnfleisch sitzen. Dennoch ernähren sich die Weibchen genauso gut wie die Männchen. Narwalbullen haben einen Zahn in Form eines gedrehten Dolches entwickelt. Ich habe auch mehrmals gestrandete gewöhnliche Delphine ohne Zähne gefunden, obwohl sie normalerweise 160 Stück davon haben. Sie waren das Opfer von Infektionen oder Osteoporose, und ihr Zahnfleisch war vollständig vernarbt. Sie waren jedoch genauso fett wie ihre Artgenossen, was zu beweisen scheint, daß ihre zahnlosen Kiefer sie nicht daran hindern, sich richtig zu ernähren. Letztlich ist ihr beeindruckendes Gebiß nicht sehr brauchbar. Die Zähne halten höchstens allzu lebendige Fische zurück, die versuchen könnten, sich nach allen Seiten davonzumachen, aber auch das ist nicht sicher. Es scheint, daß Delphine ihre Beute ansaugen. Sie jagen auf sie zu, schlagen sie mit dem Schnabel, betäuben sie und saugen sie an, immer mit dem Kopf voran, damit die Schuppen nicht »gegen den Strich« liegen.

Offensichtlich hat uns die Pottwalmutter mit dem offenen Maul nicht mit Kopffüßern verwechselt, und wir sind sicher zu

Die Walkuh ist insgesamt 15 Meter lang. Wir haben gemeinsam gespielt, und sie hat mich auf ihrem Rücken mitgenommen.

Oben: Diese Bartrobbe in Spitzbergen läßt sich durch unsere Anwesenheit nicht aus der Ruhe bringen.
Unten: Das Polargebiet ist beileibe nicht nur weiß.

Oben: Intimes Gespräch mit einer Sattelrobbe.
Unten: Drei verschiedene Rückenflossen. An ihnen kann man Wale identifizieren.

Oben: Grönland
Unten: Spitzbergen

Spitzbergen

Oben: Jugendliche Abenteurer auf dem Segelschiff »Fleur de Lampaul«.
Unten: Ein Pottwal – der Herr der Tiefe.

Pierre kann den 20 Meter langen Finnwal fast berühren.

Half Moon Island, Antarktis.

unserem Zodiac zurückgekehrt. Das Abenteuer war nur für meine beiden Gefährten zu Ende, nicht für mich. Ich wußte nicht, ob wir am nächsten Morgen genausoviel Glück haben würden, und ich wollte die Gastfreundschaft dieser Pottwalgruppe nutzen, um auch die anderen Kinder zu ihnen zu bringen. Auf diese Weise blieb ich an jenem Morgen mehr als drei Stunden im Wasser, das in den Azoren nicht so warm ist wie in der Nähe der karibischen Strände.

Als ich wieder an Bord der *Fleur* ging, war ich ganz steif, erschöpft und klapperte mit den Zähnen, aber die Freude, diese Tiere nicht nur in ihrem Umfeld zu beobachten, sondern auch die Kinder zu diesen Riesen zu führen, war es wert, eine Menge Kalorien zu verbrennen. Man empfindet dieses Gefühl heimlichen Einverständnisses nie, wenn man sich den Waltieren mit anderen Erwachsenen nähert. Ich bin überzeugt, daß Pottwale wie alle Säugetiere wissen, daß sie es mit »jungen« Menschen, mit Kindern, zu tun haben, was keine Frage der Größe oder der Gestalt ist. Ob sie deren Unschuld und Spontaneität bemerken? Sie spüren instinktiv, daß die Wesen vor ihnen noch nicht ganz fertig sind, daß sie sich noch entwickeln. Im allgemeinen ist im Tierreich ein Jungtier physisch und mental noch nicht darauf vorbereitet, Böses zu tun. Das unterscheidet den Zustand der Kindheit eindeutig von dem des Erwachsenseins. So wie wir einem Wolf nicht trauen, aber von einem Wolfsjungen angezogen werden und es streicheln wollen. Jedenfalls wird unsere Reaktion nicht von Angst bestimmt, und ohne Angst gibt es auch keinen Angriff, außer wenn einer der beiden Hauptdarsteller grundsätzlich die Beute des anderen ist. Ich bin überzeugt, daß Waltiere diesen Instinkt bewahrt haben. Das Sicherheitsgefühl, das ich habe, wenn ich auf meinen Tauchgängen von Kindern begleitet werde, zeigt unsere Verbindung zu den Waltieren. Wir haben einen gemeinsamen Vorfahren, und uns verbindet sicher viel mehr, als wir uns vorstellen können. Die meisten Geschichten, die von der Freundschaft zwischen einem Delphin und einem Menschen erzählen, handeln von einem Schüler oder einem jungen Seemann. Diese Nähe wird in dem Märchen vom schönen Jungen aus Iasmos und dem Delphin, die sich liebten und gemeinsam schwammen, verherrlicht. Eines Tages warf sich der Junge zu heftig mit dem Bauch voran auf den Rücken des Delphins, dessen Rückenkamm zufällig aufstand. Der Junge wurde am Nabel getroffen und schied dahin. Und der Delphin, krank vor Kummer, starb aus Liebe. Man baute ihnen ein gemeinsames Grab, vor welchem der Gott Eros geehrt wird. Diese innere Verbundenheit hat etwas Wunderbares, um so mehr, als die Kinder sich ihrer nicht bewußt sind. Sie sind da, neugierig, in ihre Freude versunken. Es ist sehr bewegend, Jugendliche zu sehen, die von einer Leidenschaft ergriffen sind, vor allem weil mein Beruf mich auch zwingt, Studenten zuzuhören, die nicht in der Lage sind zu sagen, was sie wirklich wollen, was sie lieben oder bewundern. Sie haben keinen Wunsch, keine Leidenschaft, weil sie nie die Gelegenheit hatten, ihre eigenen Interessensgebiete zu erkunden. Schließlich sind sie selbst davon überzeugt, daß sie sich für nichts interessieren und zu nichts taugen.

Ich bin von Natur aus etwas perfektionistisch und deshalb selten völlig mit dem zufrieden, was ich tue. Aber wenn ich an die Tauchgänge in Begleitung meiner Praktikanten von der *Fleur de Lampaul* zurückdenke, bin ich wirklich glücklich, weil ich das Gefühl habe, ihnen dabei geholfen zu haben, diese Leidenschaft, die nur geweckt werden will, zu entdecken oder zu erfüllen. Ich bin sicher, daß sie von diesen Tauchgängen mit den Waltieren profitieren konnten, und vielleicht haben sie dabei auch etwas gelernt: Wenn du etwas wirklich willst, zögere nicht, sondern bereite dich vor und packe es an.

9.

Wir müssen Polen retten ... in Spitzbergen

78 Grad nördlicher Breite, fast 800 Kilometer vom europäischen Nordkap entfernt: Schnee und Eis, soweit das Auge reicht. Und dennoch ist nichts weiß. Der Boden, das Meer, die Gletscher, der Himmel, alles ist blau, grau, graublau, marineblau, smaragdgrün und geht, wenn die Sonne den Horizont berührt, in warme Farben über, von goldgelb bis leuchtend rot. Nichts ist wirklich weiß. Die Luft ist absolut rein. Ich atme, ich lebe hier zu 200 Prozent. Die Polargebiete faszinieren mich, und in Spitzbergen fühle ich mich zu Hause.

Die Sommerexpedition, die wir 1989 im norwegischen Archipel durchführten, vereinte vor allem Ornithologen auf der Suche nach neuen Kolonien von Seevögeln wie zum Beispiel dem Eissturmvogel, der Dreizehenmöwe, der Trottellumme, dem Gryllteist, dem Zwergsäger und anderen Spezies, die noch zu erfassen sind. Ich wollte meinerseits auch Belugas beobachten, diese seltsamen friedlichen Waltiere, die manchmal fälschlicherweise »Weißwale« genannt werden, bei denen es sich aber um Delphine handelt. Ich hatte außerdem den Wunsch, mich an der Quelle des hohen Nordens zu laben. Seit meiner ersten Reise in den Norden Kanadas, bei der ich mich mit Problemen der Übervölkerung von Seehunden befaßte, halte ich es ohne die eisigen Gebiete nicht mehr lange aus. Arktis und Antarktis begeistern mich. Sie üben auf mich eine Anziehung aus, der ich selten länger als einige Monate oder ein Jahr widerstehen kann. Eines Morgens ist die Gelegenheit zu einem Ausflug auf eine der Polareiskappen schließlich wieder da. Und schon bin ich weg.

Aber ein Aufenthalt von einem Monat in Spitzbergen, der

Hauptinsel des Archipels von Svalbard, läßt sich nicht improvi-
sieren. Mit Hilfe einer Kreuzfahrtgesellschaft, die in dem
Gebiet Passagierschiffe heuert, hatten wir unsere 500 Kilogramm Ausrüstung und Proviant in einer Hütte am Ende der
Welt, wo wir nach einer langen Reise ankommen würden, depo-
niert: Die Reise ging über Paris, Oslo, Tromsö und Longyearby-
en, größte »Stadt« der Insel. Da unser Budget keinen Hub-
schrauber erlaubte, mußten wir von dort aus mit einem kleinen
Küstenschiff bis nach Ny-Alesund fahren, der nördlichsten
Gemeinde der Welt, die noch näher am Pol liegt als Thule in
Grönland, das durch Jean Malauries Buch unsterblich geworden
ist.

Die 50 Quadratmeter große Holzhütte ohne Heizung, die wir
als Lager benutzten, mieteten wir damals das ganze Jahr, was uns
ein Vermögen kostete. In den Polargebieten ist alles schrecklich
teuer, weil es importiert wird. Da die französische wissenschaftliche Station auf der Insel weder einladend ist noch praktisch für
die Beobachtungsarbeiten, die wir vor Ort ausführen wollten,
hatten wir keine andere Wahl als diese Holzhütte auf dem Eis.
Sie ähnelte tatsächlich eher einem launischen Kühlschrank, in
dem wir unsere Ausrüstung von einer Saison zur nächsten lager-
ten, als einer wirklichen Unterkunft. Wir kampierten in Küstennähe einige hundert Meter vom Dorf entfernt. An den heiße-
sten Sommertagen stieg das Thermometer auf 5 Grad an, und
im Winter fiel es leicht auf unter – 40 Grad. Solche Temperaturschwankungen halten Lebensmittel, darunter Reis und Nudeln,
nur schlecht aus. Dennoch muß alles nach Spitzbergen mitgenommen und dort gelagert werden, da die Preise vor Ort exorbi-
tant sind. Selbst die Grundnahrungsmittel kosten fünf- bis
zehnmal mehr als in Frankreich.

Wir brauchten vier Tage für die Inventur unseres Materials –
frische Lebensmittel und Ersatzteile aus Frankreich und die
Vorratskammern, richtige Höhlen wie bei Ali Baba, angefüllt
mit dem, was in der vorherigen Saison vor Ort geblieben war.

Mein Bordbuch enthält 16 Seiten, die einer Inventur à la Prévert zur Ehre gereichen. Wir entdecken »Schätze«, wir sortieren sie aus (aha, Nudelpakete, die seit sechs Jahren hier sind; wow, Schokolade, die in drei Jahren vielleicht zwanzigmal aufgetaut und wieder gefroren ist; super, das Motorteil, das niemand kennt), dann beschriften wir sie mit »Hinflug«, »Rückflug«, »abgelaufen« Nr. 1–9 und vergessen auch nicht das unverzichtbare »Überlebenspaket«, das wir hoffentlich nicht brauchen werden. Unsere Lebensmittel, Instrumente, Ausrüstungen, die drei Schlauchboote und ihre Außenbordmotoren bedecken zusammen eine Fläche von 100 Quadratmetern. Und wir sind nur zu sechst! In diesen Gebieten ist nichts einfach. Überfüllte Lager und beengte Verhältnisse sind an der Tagesordnung. Die geringste Vergeßlichkeit kann sehr teuer werden und ein kleines Ärgernis schnell zum Verhängnis.

Aus Sicherheitsgründen lassen die norwegischen Behörden niemanden mehr den Archipel betreten, wenn er kein Gewehr mitgebracht hat. In der vorherigen Saison waren drei dänische Wissenschaftler in den Süden gegangen, um in dem Gebiet, in dem wir uns aufhalten wollten, zu arbeiten. Sie waren sehr auf *peace and love* bedacht und wollten keine Waffe mitnehmen. Eines Morgens war ein Eisbär in ihrem Lager aufgetaucht. Er hatte die menschliche Spur mit der Schnauze auf dem Eis aufgenommen und näherte sich zielsicher. Ohne Gewehr konnten die Dänen den riesigen Sohlengänger, der sie angriff, weder in die Flucht jagen noch erlegen. Einer der Männer wurde vor den Augen seiner machtlosen Kameraden ein paar Meter weit geschleppt und gefressen. Natürlich war dieser Vorfall eine Ausnahme, und doch war er vorhersehbar, wenn man weiß, daß fünf Prozent der Eisbären nicht zögern, Menschen als normale Beute zu betrachten.

Bären sind nicht die einzige Gefahr; in den Polargebieten kann alles dramatische Ausmaße annehmen. Schon eine einfache Treibstoffpanne wenige hundert Meter vom Ufer entfernt kann in einem Gebiet mit starken Strömungen fatale Folgen haben.

Die Arktis ist auch der Inbegriff der Reinheit. Die Luft ist unglaublich klar. Am Pol gibt es sehr wenige Bakterien, und um zu niesen, muß man seinen Schnupfen selbst mitbringen. Und die Krankheit wird schnell gestoppt, da ein Virus, das aus gemäßigten Ländern eingeschleppt wird, die Kälte nicht lange überlebt. Aus dem gleichen Grund ist die Kompostierung sehr langsam: Eine Pflanze hat zwei oder drei Monate Zeit, um sich zu entfalten und zu vermehren, bevor die Kälte sie wieder einfriert oder sie unter dem Schnee verschwindet. Da Frost ein gutes Konservierungsmittel ist, tauchen die toten Blätter eines Zwergbusches bei der Schneeschmelze im darauffolgenden Sommer intakt wieder auf.

Wenn die Natur pflanzliche oder tierische Abfälle schon so langsam »verdaut«, benötigt die Dekompostierung von Abfällen, die der Mensch mitbringt, vielleicht mehrere Jahrhunderte. Deshalb müssen die Teilnehmer einer Expedition in diesen Gebieten drakonische sanitäre Maßregeln einhalten. Auf dem Eis wird nichts zurückgelassen, nicht einmal Lebensmittelreste. Sie werden in Säcken aufbewahrt und nach dem Aufenthalt zur Verbrennung in die Stadt gebracht. Und was die natürlichen Bedürfnisse anbelangt, muß man es halt so einrichten, daß sie ins Meer abgehen, um dort von Kotfliegen wieder in Energie umgewandelt zu werden. Für alles gibt es eine Methode.

Nachdem wir die Vorbereitungen abschlossen haben, gönnen wir uns einen Ausflug zur Insel Blomstrand, einige Seemeilen von Ny-Alesund entfernt, vorgeblich, um die Motoren, die seit einem Jahr nicht mehr gelaufen sind, auszuprobieren; in Wahrheit wollen wir uns einen Tag ausruhen, bevor wir in den Süden des Archipels aufbrechen. In einer ruhigen Bucht begegneten wir einer Gruppe von etwa 20 Belugas. Es war das erste Mal, daß ich mich ihnen nähern konnte, und ich gebe zu, daß ich mich nicht auf Anhieb in sie verliebte. Ehrlich gesagt, erinnern ihre weißlichen Rücken, wenn sie aus dem Wasser ragen, eher an große längliche Knödel.

Belugas sind bei ihrer Geburt etwa 1,50 Meter lang und dunkelbraun oder blaugrau. Je älter sie werden, desto heller wird ihre Haut, bis sie elfenbeinfarben ist, weshalb sie die Angelsachsen und die Einwohner von Quebec Weißwale getauft haben. Es handelt sich jedoch um Delphine, deren Kiefer je 20 Zähne beherbergen. Ausgewachsene Tiere werden bis zu fünf Meter lang, die Stirn ist ziemlich rechteckig, und der Schnabel fehlt fast vollständig, die Brustflossen sind kurz und seltsam nach oben gebogen, die Schwanzflosse ist abgerundet. Die einzige Auswölbung, die man sieht, wenn die Tiere schwimmen, ist eine kleine Rückenfinne, die als Rückenflosse dient. Belugas sind auf den ersten Blick nicht die grazilsten unter den Waltieren. Die einzige Überraschung, die sie bereithalten, ist ein sehr beweglicher Kopf, der auf einem richtigen Hals sitzt. Sie können also mit dem Kopf wackeln, was keine andere Delphinart vermag, aber das macht aus ihnen auch keine Stars der Meere. Ihre Fortbewegung ist im allgemeinen langsam und ruhig, da die arktischen oder subarktischen Gewässer, in denen sie sich aufhalten, nicht sehr tief sind, vor allem die Flüsse, die sie im Sommer einige hundert Kilometer weit hinaufschwimmen, weil diese reich an Beute sind: Da gibt es Lodde, Heilbutt, Kabeljau oder kleine Krebstiere. Obwohl sich kein anderer Delphin in seichtem Wasser so wohl fühlt, haben Toni Martins langwierige Studien aufgedeckt, daß Belugas manchmal 10 – 20 Minuten lang über 500 Meter tief tauchen. Dank der Funktelemetrie können Tiefen, Zeiten und Tauchprofile mit einem Minigerät, das man auf dem Rücken der Belugas befestigt, aufgezeichnet werden. Toni Martin hat festgestellt, daß im Sommer innerhalb der Belugaherden eine Trennung der Geschlechter stattfindet: auf der einen Seite Weibchen mit ihren Jungen, auf der anderen Seite Jugendliche und männliche Erwachsene in jeweils getrennten Zusammenschlüssen. Da die Männchen viel größer sind als die Weibchen, besitzen sie größere Lungen, die es ihnen ermöglichen, länger und tiefer zu tauchen. So hat Toni festgestellt, daß es einige hundert Kilometer vor Alaska super »Restaurants« im Meer gibt, die den Weibchen nicht zugänglich sind, weil sie an dieser Stelle den beutereichen arktischen Meeresboden nicht erreichen können. Das typische Verhalten des Männchens besteht darin, vertikal bis zum Boden zu tauchen, dort fünf bis zehn Minuten lang den Sand nach Meereswürmern abzusuchen oder auf der Lauer zu liegen und zu warten, bis ein Heilbutt vorbeikommt, und dann direkt an die Oberfläche zurückzukommen, um dort ein dutzendmal zu atmen. Das Sparen von Energie, hier von Sauerstoff, bestimmt das Tauchverhalten: den Weg in optimaler Geschwindigkeit zurücklegen, nicht zu schnell, um nicht außer Atem zu geraten, nicht zu langsam, um keine Zeit zu verlieren, und eine relativ geruhsame Jagd in 300 bis 500 Metern Tiefe. Dann eine kräftige Sauerstoffdosis an der Oberfläche vor dem nächsten Tauchgang von gut 15 Minuten. Wenn Belugas am Ufer entlangschwimmen, haben sie jedoch einen anderen Rhythmus: eine oder zwei Minuten unter Wasser, dann ein einziger kurzer Atemzug so wie die Amazonasdelphine, die immer direkt unter der Wasseroberfläche bleiben. Aber in großen Tiefen stellt der Beluga seinen Atemrhythmus um, und sein Verhalten erinnert dann an das exzellenter Taucher wie der Pottwale, die, nachdem sie in 40 oder 50 Atemzügen reichlich Sauerstoff getankt haben, eine Stunde lang tauchen.

Das Erstaunlichste an Belugas ist sicher ihr wunderbarer Gesang. Man nennt sie manchmal die Kanarienvögel des Meeres, und wenn man unter Wasser ihren Vokalisen lauscht, glaubt man wirklich, Vögel pfeifen zu hören. Ich hatte ein Hydrophon mitgebracht, mit dem man Unterwassertöne hören und aufzeichnen kann. Es erlaubt uns auch, Tiere zu orten, die wir nicht sehen können. Das Hydrophon liefert uns in Verbindung mit einem Rechner und der entsprechenden Software Informationen, die von der Elektronik in Graphiken umgewandelt werden, welche nicht nur die Frequenz der Töne aufzeigen, sondern auch die Entfernung, in der sie entstehen und die Richtung, aus der sie kommen. Mein Hydrophon war von englischen Kollegen entwickelt worden, die im akustischen Bereich sehr fähig sind. Dennoch war ich vorsichtig, was dieses launische Gerät betraf. Einige Monate vorher hatte ich mein Mikro während eines Auftrags in der Nordsee etwa zehn Meter tief hinabgelassen in der Hoffnung, eine Walgruppe aufzuspüren. Was ich hörte, war eine Rock 'n' Roll-Melodie: Ich empfing einen holländischen Sender. Einen Moment lang fragte ich mich, ob nicht die gesamte Fauna der Nordsee diesen Sender hörte und sich über die Musik der Rolling Stones lustig machte. Der Störsender kam nämlich nicht über das Mikro, sondern auf einem anderen Weg in das Empfangssystem. Dieses technische Problem war ziemlich leicht zu lösen, aber es stärkte mein Vertrauen in Hydrophone nicht gerade. Außerdem sind sie nur effektiv, wenn die Delphine mitmachen und etwas erzählen, aber in diesem Sommer waren die Belugas in Spitzbergen stumm wie Karpfen. Drei Tage lang saß ich im Schlauchboot, mit Kopfhörern bewaffnet, ohne das geringste Zwitschern zu vernehmen. Da sich in der Gruppe junge Erwachsene, geschlechtsreife Männchen und Weibchen befanden, durfte ich hoffen, daß sie sich den Hof machen wollten. Schließlich ist die Reproduktion der Waltiere meine Spezialität. Aber diese hier wollten meine Arbeit in keiner Weise vorantreiben: Sie schwiegen. Ich war enttäuscht, man hatte mir so viel von den unglaublichen Vokalisen und dem Zwitschern der Belugas erzählt. Es ist auch schade um die Aufzeichnungen, die die Forschungen meiner Kollegen vielleicht bereichert hätten, da sie die Laute der Belugas aus Spitzbergen noch nicht kennen. Wenn man nämlich die Vokalisen einer Gruppe von Delphinen studiert, stellt man fest, daß sie von denen einer anderen Gruppe der gleichen Spezies hörbar abweichen. Die Diskussion um die angeblich entwickelte Sprache der Delphine basiert auf einer Legende. Was die Kommunikation mit Lauten

anbelangt, zeigen die echten Delphine keinerlei Meisterlei-
stung, und deren Fans, speziell Kinder, sind durch falsche Experimente, die an Scharlatanerie grenzen, getäuscht worden. Lange Zeit hat ein britischer Forscher behauptet, seine Tümmler in
Gefangenschaft zum »Sprechen« bringen zu können. Er gab vor,
daß seine Tiere eine Syntax handhaben und folglich Englisch
lernen können. Er hatte ihnen beigebracht, eine *cup of tea* zu ver-
langen. Tatsächlich stießen seine Delphine, die wie ihre Artgenossen weder Lippen noch Stimmbänder haben, eine Art Rülp-
ser und danach Pfeiftöne hervor, welche mit viel Phantasie und
gutem Willen entfernt an die Worte erinnern mochten, die ihr
Trainer gebraucht hatte. Aber offensichtlich wiederholten sie
Laute, ohne sie zu verstehen. Im übrigen muß man sich fragen,
was die Tümmler mit einer Tasse Tee hätten anfangen sollen.
Das soll aber nicht heißen, daß die »Gespräche« der Delphine
ihnen nicht helfen, sich zu verständigen, sei es in Gefangenschaft oder in Freiheit. Aber daraus zu schließen, sie hätten eine
strukturierte Sprache, ist ein reines Lügenmärchen.

Es gab allerdings in den 60er und 70er Jahren mehrere sehr
interessante Experimente mit gefangenen Tümmlern. Zwei
Delphine waren dressiert worden, farbige geometrische Formen,
die man ihnen hinhielt, zu erkennen und je nach Form und Farbe eines der beiden Pedale in ihrem Becken zu betätigen. Im folgenden Schritt wurden die Tiere durch eine quer durch das Bek-
ken verlaufende undurchsichtige Wand getrennt. Nur einer der
Delphine sah die Formen und Farben, der andere kam an die
Pedale heran. Die Tümmler konnten nur mittels Lauten kommunizieren, ohne sich zu sehen, und das Spiel funktionierte hervorragend. Sobald man dem ersten Tier eine Form zeigte,
schwamm es zu der Wand, hinter welcher sein Kamerad wartete,
und stieß einige Pfeiftöne aus, woraufhin der zweite Delphin
jedesmal das richtige Pedal betätigte. Es bestand also eine Kommunikation in Form von Lauten, um Informationen weiterzugeben.

Dennoch wissen wir aus anderen Experimenten, daß Delphine nicht über ein besonders verfeinertes »Vokabular« verfügen und daß sich ihre Kommunikation zusätzlicher Hilfsmittel wie z. B. der Mimik bedient. Es ist übrigens festzustellen, daß viele Affen und Vögel wesentlich mehr Tonfolgen verwenden als Delphine, die nur etwa 30 Signale pro Tier benutzen. Hingegen besitzt jeder Delphin einen speziellen Stimmklang, der es seinen Artgenossen und auch Forschern ermöglicht, das Tier am Pfeifen zu erkennen, ohne es zu sehen. So wie man am Telefon bekannte Stimmen sofort erkennt. Im übrigen verwenden Tiere der gleichen Spezies, aber verschiedener Populationen nicht die gleichen Tonfolgen: Der »Dialekt« der Tümmler aus Florida ist der »Mundart« europäischer Tümmler überhaupt nicht ähnlich, und dennoch erkennt man die Tonfolgen und die Art der Töne aller Tümmler weltweit.

Selbstverständlich ist ihre Kommunikation exzellent, da es sich um entwickelte Säugetiere handelt, deren soziale Gruppenstruktur komplex ist und sich ständig weiterentwickelt. Die Tiere haben außer Tonfolgen noch andere Möglichkeiten, um sich Informationen weiterzugeben, zum Beispiel die Pigmentierung des Körpers, die bei jeder Spezies anders ist, besonders im genital-analen Bereich: Sie ist von einem Tier zum anderen unterschiedlich, so daß sie sich aus der Entfernung erkennen, auch wenn sie sich nur selten sehen. Auch die Sprünge spielen eine Rolle, ihr Rhythmus, ihre Höhe und das Geräusch, das entsteht, wenn das Tier ins Wasser zurückfällt. Zweifellos dienen sie dazu, die Struktur der Gruppe aufrechtzuerhalten und sie eventuell nachts oder bei schlechter Sicht zu führen. Wahrscheinlich handelt es sich dabei auch um eine von vielen Verhaltensweisen, mittels derer Empfindungen, Seelenzustände oder Befindlichkeiten ausgedrückt werden. Man muß nicht unbedingt der Sprache mächtig sein, um seinem Gesprächspartner eine Botschaft zu übermitteln. So sind Tiere, die keine artikulierte und perfektionierte Sprache wie die Menschen haben, viel empfäng-

licher für andere Ausdrucksformen. Es ist völlig sinnlos, ihnen
das Sprechen beibringen zu wollen, es sei denn, um einen
Mythos aufrechtzuerhalten, der letztlich weniger verblüffend ist
als die Realität selbst.

Damals in Spitzbergen wäre es mir jedenfalls schwergefallen,
irgendeine Theorie über die Konversation von Belugas aufzu-
stellen, da sie partout nicht sprechen wollten. Was nicht heißen
soll, daß ich in völliger Stille lebte, ganz im Gegenteil. Nach
zehn Tagen an dieser Küste hatte ich den Eindruck, daß es nir-
gendwo auf der Welt so laut wie auf dieser Insel ist. In diesen
Breitengraden geht während der Sommermonate die Sonne nie
unter: Sie wandert ständig mit der gleichen Leuchtkraft über
den Horizont, und die Vögel nutzen dies aus. Die Dreizehen-
möwen schreien von morgens bis morgens. Sie hören nie auf, sie
sind nie so stumm, wie es meine Belugas waren. Ich durchlebte
die Hölle der schreienden Möwen, die sich beeilten zu kopulieren, Eier zu legen, zu brüten, ihre Küken zu füttern. Sie kennen
keinen Schlaf und rauben uns schließlich den unseren. Sie müssen diese beiden Sommermonate nutzen, 24 Stunden am Tag.
Das Fehlen des Wechsels zwischen hell und dunkel wirkt stö-
rend. Langsam fängt man an, in einem anderen Rhythmus zu
leben. Die »Tage« haben nicht mehr 24, sondern 30 Stunden.
Warum sollte man die gegenwärtige Tätigkeit beenden, wenn
man bei gleichbleibendem Licht weitermachen kann, oder die
Fertigstellung einer Arbeit auf den nächsten Tag verschieben,
wenn es keine Nacht gibt, die den Übergang zum »nächsten
Tag« markiert? Man verliert seine Orientierungshilfen, die
»Nächte« sind unterschiedlich lang, und bald träumt man von
Sonnenaufgang und Sonnenuntergang, um wieder einen Zeit-
plan zu haben.

Wenn ich meine Kopfhörer aufsetzte, um ein eventuelles
Murmeln der Belugas aufzuschnappen, entzog ich mich dem
Krach der Möwen und tauchte in die Welt der Unterwasserge-
räusche ein. Die arktischen Buchten sind noch lärmender als alle

anderen Gewässer. Wenn man die Empfindlichkeit des Hydrophons auf die unterschiedlichen Frequenzen einstellt, vermischt sich das »Zwitschern« der Fische mit dem Getöse des schmelzenden, brechenden, explodierenden Eises oder der frei werdenden Luftblasen. Langsam wurde ich müde, und die Laute, die ich einfing, waren so zahlreich und verschieden, daß ich den wichtigsten fast nicht erkannt hätte.

Ich erinnere mich, daß ich erstarrte, als ich diese seltsame entfernte Klage hörte. Ich wußte sofort, daß ich sie schon einmal gehört hatte, und zwar nicht bei einer Expedition, sondern in einem Labor. Dann folgten eine Reihe schneller »Klicks«. So sehr ich auch versuchte, mich an die Umstände zu erinnern, unter denen man mir diese »Stimmen« vorgespielt hatte, es gelang mir nicht. Es konnte kein Wal sein, sie stoßen keine Klicks aus und sind höchst selten in Spitzbergen anzutreffen, da man sie dort alle abgeschlachtet hat. Die Seehunde Grönlands und die Bartrobben, die zahlreich auf der Insel vorkommen, können diese Art Laute nicht produzieren, und es gab auch keine Ähnlichkeit mit den Vokalisen der Belugas. Plötzlich mischte sich unter das Pfeifen eine Art Grunzen. Ich sprang im Schlauchboot auf.

»Schwertwale!«

Der Ornithologe, der sich bereit erklärt hatte, bei meinen Hörtests dabei zu sein und es sich mit einem Krimi im Boot gemütlich gemacht hatte, sprang wie von der Tarantel gestochen auf und sah sich um.

»Bleib ruhig, ich höre sie nur, sie sind noch weit weg.«

»Bist Du sicher, daß es Schwertwale sind?«

Ja, ich war sicher. Einige Monate zuvor hatte ich Aufzeichnungen ihrer Schreie gehört. Zusammen mit einem Kollegen hatte ich mehrere Stunden lang den »Gesprächen« dieser Schwertwale gelauscht. Irgendwo ganz in der Nähe mußten also Schwertwale sein, und niemand und nichts konnte mich davon abhalten, sie zu suchen. Wir verließen die Bucht der Phantombelugas. Der Wind war nicht zu stark und das Meer schiffbar, aber ohne Rettungsanzüge konnten wir uns aus Sicherheitsgründen nicht mehr als einige hundert Meter von der Küste entfernen. Glücklicherweise zeigte das Hydrophon an, daß die Tiere backbord in Küstennähe waren. In einer u-förmigen benachbarten Bucht fanden wir sie dann schließlich, drei Schwertwale, darunter ein Männchen, das sofort an seiner riesigen Schwanzflosse zu erkennen war – bei alten Männchen kann sie mehr als zwei Meter breit sein.

Sie hatten uns aufgrund des Motorenlärms auch aufgespürt, aber unser plötzliches Erscheinen in dieser Region, in der sie normalerweise auf kein menschliches Wesen treffen, beunruhigte sie nicht. Sie schienen nicht einmal überrascht zu sein. Die drei Schwertwale erkundeten weiterhin die Bucht und schwammen langsam umher. Wir hielten in der Mitte an, ließen aber den Motor im Leerlauf. Ich verspürte keine Angst, wollte aber ihre Route in diesem geschlossenen Bereich notfalls verlassen können. Es war besser, eines der mächtigsten Raubtiere der Meere nicht zu provozieren.

Unzählige Legenden ranken sich um diese Raubtiere, die mit beeindruckender Kraft mehrere Meter weit aus dem Wasser springen können. 1950 hatten die »Mörderwale« den Ruf, sehr gefräßig zu sein, so daß die amerikanische Marine Befehl hatte, mit Kanonen auf sie zu schießen, damit sie nicht die Heringsbänke verschlangen. Natürlich können Schwertwale den Fischbestand nicht dezimieren, und die meisten der apokalyptischen Geschichten über ihre Gefährlichkeit sind falsch. Es ist kein einziger Fall bekannt, in dem ein Mensch Gegenstand eines direkten Angriffs gewesen wäre.

Aus der Entfernung konnte man sie sicher beobachten. Ihr Blas, der fünf Meter über die Wasseroberfläche stieg, war deutlich hörbar und sichtbar, und man konnte ihr Einatmen sehr gut vernehmen. Ich hatte keine Angst, daß sie verschwinden würden, weil Schwertwale selten länger als zehn Minuten unter

Wasser bleiben. Die Tiere setzten ihren Spaziergang in der Bucht fort, ohne sich um uns zu kümmern. Sie schienen nicht zu jagen, sondern eher die Gegend zu erkunden, so als ob sie gerade von ihr Besitz ergriffen hätten. Zweimal konnten wir sie aus der Nähe beobachten, erst backbord, dann steuerbord. Vor allem der große Bulle war herrlich, er hatte einen pechschwarzen Rücken und pechschwarze Seiten, große paddelförmige Brustflossen und einen weißen Fleck über dem Auge. Seine breite Schwanzflosse hatte einen tiefen Einschnitt. Ich hoffte zutiefst, daß seine beiden Weibchen ihn auch charmant finden und vor uns einen ihrer unvergeßlichen Liebestänze aufführen würden. Wie Tümmler zeigen sie ihren Freiern an, wenn sie bereit sind, wohlwollende Annäherungsversuche aufzunehmen. Sie stoßen dann besondere Schreie aus, das Startsignal für stundenlange Liebesspiele. Während dieser Zeit genießen sie die Zärtlichkeiten ihrer Männchen, denn nach dem Koitus zeigen diese wenig Interesse an einem Leben zu zweit. Sie hängen weder an den Müttern noch an den Kindern, auch wenn sie diese bei Gefahr verteidigen.

Die Geschlechtsreife der Schwertwale beginnt bei Weibchen mit sechs und bei Männchen mit sieben Jahren, aber – wie die meisten Waltiere – sie reproduzieren sich erst viel später zum ersten Mal, die Weibchen mit zehn bis zwölf Jahren und die Männchen mit mindestens 15 Jahren. Es handelt sich also um Tiere, die schon über fünf Meter lang sind. Bei den vorehelichen Zeremonien drehen sie sich um sich selbst, tauchen und reiben die Seiten aneinander. Bei Waltieren erfolgt die Erektion bewußt durch das Aktivieren eines Muskels. Das Geschlechtsteil eines Schwertwals kann mehr als einen Meter lang sein. Dem Zeugungsalter entspricht übrigens eine physische Veränderung, die ebenso wesentlich wie spektakulär ist: Während bei Heranwachsenden vor der Pubertät ein Hoden weniger als 200 Gramm wiegt, kann der Hoden des erwachsenen Tieres bis zu zehn Kilogramm schwer sein.

Lange Zeit hat man beobachtet, daß die Weibchen ihren weißen Bauch noch oben drehten und unter der Masse der Männchen verschwanden, so daß man glaubte, daß sie nur auf diese
Weise kopulieren. Später bemerkte man, daß sie ihre Position
auch tauschten oder sich auf die Seite legten.

Leider waren unsere Schwertwale in Spitzbergen nicht auf
Liebe eingestellt und gaben sich damit zufrieden, die Bucht in
allen Richtungen zu durchqueren und dann wieder aufs offene
Meer zu schwimmen, wobei sie unseren Zodiac in einiger Entfernung passierten. Diese Gruppe war sehr klein, nur drei Tiere,
vielleicht Kundschafter. Sicher gab es ein bißchen weiter weg
noch andere, aber wir haben sie nicht gesehen. Schwertwale
wandern ständig, dies scheint für ihr Überleben wichtig zu sein.
Wir waren nicht dafür ausgerüstet, ihnen zu folgen, und hatten
nicht genug Benzin, um uns von der Küste zu entfernen. Wir
fuhren also in die Bucht der Belugas zurück und stiegen aus, um
unseren Kollegen wie versprochen beim Zählen der lärmenden
Möwen zu helfen.

Am nächsten Morgen wäre ich gerne in die Bucht der
Schwertwale zurückgekehrt, aber wir hatten geplant, in den
Süden des Archipels zu fahren, in die Bucht von Horsund, wo
wir zum ersten Mal die Kolonien nestbauender Vögel erfassen
sollten. Wir hatten mit der polnischen wissenschaftlichen Station am Ende der Bucht über Funk Kontakt aufgenommen. Der
Leiter des Zentrums hatte uns eingeladen, sie zu besuchen, und
wir konnten unmöglich absagen. Diplomatie unter Kollegen
verpflichtet.

Als wir mit den Polen den Termin ausgemacht hatten, schienen sie fröhlich und begeistert, aber dann fanden wir in den Fer-
tighäusern, die etwa 100 Meter vom Ufer entfernt als Basis dienten, eine demoralisierte Truppe vor. Erst eine Stunde vor unserer
Ankunft hatten sie erfahren, daß die norwegischen Behörden
ihrem Versorgungsschiff nicht erlaubten, die Insel anzufah-
ren.

Die polnische Basis vertritt wie die meisten in Spitzbergen angesiedelten Stationen nicht nur wissenschaftliche, sondern auch strategische Interessen ihres Landes. Natürlich überwachen die Norweger streng alle fremden Schiffe, die ihre Territorialgewässer betreten. Normalerweise erhalten angemeldete Verbindungsschiffe immer eine Einfuhrgenehmigung, aber ein internationales Abkommen sieht vor, daß sich kein Militärschiff dem Archipel nähern darf. In diesem Jahr hatte das polnische Schiff, das von Danzig auslaufen sollte, um Lebensmittel und die Austauschmannschaft zu bringen, eine Panne. Um die Forscher in Spitzbergen nicht ihrem Schicksal zu überlassen, hatte die polnische Regierung eine alte, seit langem abgerüstete Korvette geheuert. Leider haben Schiffe – so wie Menschen – einen »Personenstand«, der sie ihr Leben lang begleitet und den jeder erfragen kann. Das taten die Norweger, als das Schiff meldete, in ihre Territorialgewässer eindringen zu wollen. Klare Absage. Es kam nicht in Frage, daß ein Militärschiff, wenn auch abgerüstet, in Spitzbergen vor Anker ging. Das hätte einen inakzeptablen Präzedenzfall geschaffen. Die polnischen Wissenschaftler saßen also auf ihrem kleinen Eisfleck fest.

Für diese 20 Männer, die hier seit einem Jahr weit weg von ihren Frauen und Kindern lebten und bald keine Nahrungsmittel mehr haben würden, war das ein Drama. Sollte die norwegische Regierung ihre Entscheidung nicht revidieren, würden sie eventuell noch einige Monate auf die Reparatur ihres Schiffes warten müssen, um endlich in ihr Land zurückkehren zu können. Aber einige Wochen später könnte das Packeis vielleicht schon wieder Besitz von der Bucht ergriffen haben und so das Anlegen eines Schiffes unmöglich machen.

Als wir ankamen, versuchte der Leiter des Zentrums, mit der Dienststelle des Gouverneurs zu verhandeln. Er bat nicht auf Knien, aber man hörte seiner Stimme die Verzweiflung an. Zuerst schlug er ihnen vor, daß ein Rettungsboot der Korvette die Lebensmittel bringen könne. Erneute Absage: ob kleines

Boot oder großes Schiff, es blieb ein polnisches Militärschiff. Da kam der Leiter des Zentrums auf die Idee, die Verbindung mit ihren eigenen Zodiacs herzustellen, da sich diese schon auf der Insel befanden. Dieses Mal gerieten die Norweger in Wut. Es war ihnen ganz gleich, wo das Boot ablegte: Sollte ein polnisches Schlauchboot an der Korvette anlegen, würden sie dies als Verstoß gegen internationale Abkommen betrachten. Die Situation war verfahren. Es sei denn ...

Ich weiß nicht mehr, wer von uns auf die Idee kam, unsere Dienste anzubieten, aber in dem Moment schien sie völlig wahnwitzig. Wir besaßen zwar drei Zodiacs mit je einem 40-PS-Motor, aber die Korvette befand sich 20 Seemeilen vor der Küste: mehr als 80 Kilometer hin und zurück. Das ist eine enorme Entfernung an Bord eines kleinen Schlauchbootes, besonders auf diesem launischen Meer voller Eis. Aber schließlich war es das wert.

Die Verhandlungen mit den Norwegern zogen sich noch zwei Stunden hin. Sie standen unserer Intervention kritisch gegenüber, da sie wußten, daß man sie haftbar machen würde, wenn einem von uns während des Unternehmens etwas passierte, aber sie konnten sich auch nicht zu unnachgiebig zeigen. Wir waren Franzosen, Zivilisten, in offizieller wissenschaftlicher Mission, und sie konnten unsere Boote nicht als Schiffe der polnischen Marine betrachten. Also gaben sie schließlich nach, unter einer Bedingung: daß am Steuer der Zodiacs nur Franzosen waren. Einen Augenblick lang zögerten wir, da einer der Motoren hustete und wir nicht riskieren wollten, damit aufs offene Meer zu fahren. Nur zwei Boote, um einige Tonnen Gepäck und ein Dutzend Männer zu transportieren, war das vernünftig? Aber wir waren zu beharrlich gewesen, um einen Rückzieher zu machen, also gaben wir unser Wort.

Es ging sofort los. Die Polen liehen uns dichte Rettungsanzüge, und wir fuhren aufs offene Meer hinaus in Richtung Korvette. Ich werde diese 24 Stunden Transfer nie vergessen. Auch wenn sie letztendlich befriedigend waren, gehören sie zu den schlimmsten meines Lebens.

Es fing wie ein Remake von Indiana Jones an. Wir stürzten uns mit Freude in das Abenteuer, trieben die Motoren zu Höchstleistungen an, um die ersten 20 Seemeilen bis zur Korvette mit je zwei Personen pro Zodiac zurückzulegen. Wir spielten die Rolle der Helden, der Retter. Natürlich war es kalt, doch die Anzüge schützten uns gut. Das Meer war aufgewühlt, aber die leicht beladenen Schlauchboote hüpften von Welle zu Welle. Der Empfang auf dem polnischen Schiff war reif für einen Roman von Norman Mailer. Unter der französischen Fahne, die aus diesem Anlaß gehißt worden war, tranken wir heißen Tee und Wodka, während die Seeleute die Zodiacs beluden. Unsere Euphorie legte sich auf der ersten Rückfahrt. Unsere Boote, die normalerweise sehr schnell sind, glichen unter der Last von einer Tonne Lebensmittel und Material keuchenden Flößen, sie krachten in die Wellen, rollten mit dem Seegang und spritzten den Steuermann und seinen Mannschaftskameraden voll Wasser. Güsse eiskalten Wassers – vier Grad – durchsetzt mit Eissplittern schlugen uns ins Gesicht, und der kalte Wind verwandelte die Gischt in unsichtbare Nadeln, die uns Wangen und Stirn zerkratzten. Wir befanden uns im Feuer einer Kanone, die mit zerstoßenem Eis bestückt war, wir wurden bombardiert, als führen wir auf einem Fahrrad hinter einem Lastwagen her, der Kies streut. Außerdem mußten wir ständig auf »Burgunder« achten, schwimmende Eisblöcke, die sich von den Eisbergen ablösen. Sie sind von der Größe eines Pflastersteins bis eines kleinen Autos, und ihre Kanten sind so scharf, daß sie die Hülle eines Zodiacs so gewiß wie eine Rasierklinge aufschlitzen. Aber wie sollten wir sie hinter einem Berg von Kisten und Säcken sehen? Wir waren dazu verurteilt, blind zu steuern.

Ich glaube, daß ich nach dieser ersten Hin- und Rückfahrt ausgestiegen wäre, wenn uns die 20 Mitglieder der Station nicht am Ufer erwartet hätten. Sie weinten alle vor Rührung. Also machte ich weiter, 24 Stunden lang, ohne Unterbrechung. 24 Stunden sind sehr lang, wenn man starr und steif ist und ständig durchgeschüttelt wird, wobei das Wissen um die akute Gefahr die Anspannung noch erhöht. Zuerst das Gepäck, dann die Männer. Als ich am Ende dieses Abenteuers aus dem Schlauchboot stieg, brach ich im Schnee zusammen. Die Seeleute mußten mich auf dem Weg zum Gebäude stützen. Dort konnte ich endlich den Anzug ausziehen, in dem ich schon so lange steckte. Es war zu kalt, ich war zu müde, ich hatte meine Muskeln nicht mehr unter Kontrolle.

Nach einer heißen Dusche, einer Stunde Pause und einer dicken Cremeschicht auf meinen vom Eis verbrannten Wangen ging ich zu meinen Kameraden und der polnischen Mannschaft, die neu angekommen war. Nur der Leiter des Zentrums und sein Vertreter waren geblieben. Ich hatte vor, mich schnell zu stärken, bevor ich wieder schlafen ging, aber unsere Gastgeber waren anderer Ansicht. Sie wollten uns auf ihre Art ehren. Im Speisesaal war eine französische Fahne gehißt worden, und als wir eintraten, intonierten meine Kollegen die *Marseillaise*. Es war der 14. Juli 1989, der 200. Jahrestag der Revolution. Die Polen kannten alle Strophen unserer Nationalhymne auswendig. Dann bat der Leiter der Station um Ruhe, um eine offizielle Ansprache zu halten, die in englischer Sprache abgehalten, aber genauso ehrlich war. Es hörte sich an, als hätten wir ganz Polen gerettet und eine Ehrung als Nationalhelden verdient. Später verlieh er uns eine entsprechende Medaille. Aber das Beste war der Tomatensalat, den er für uns hatte zubereiten lassen. Tomaten in Spitzbergen, wo nichts wächst! Eine Speise, die seltener und wertvoller als ein Schöpflöffel Kaviar ist, wenn man seit Wochen nichts Frisches bekommen hat.

Diese improvisierte Zeremonie war die bewegendste meines Lebens. Natürlich habe ich die Medaille aufgehoben.

Nach der polnischen Episode haben wir die Bucht ausgekundschaftet. Ich hoffte, nochmals Schwertwale zu sehen. Leider sind die Tiere nicht zurückgekommen, und auch mein Hydrophon hat ihre Anwesenheit nicht mehr angezeigt. Ich mußte mehrere Jahre warten, bevor ich mich wieder mit ihnen beschäftigen konnte, und zwar unter ziemlich erstaunlichen Umständen.

Eines Tages erhielt ich einen Brief. Ich bekomme davon mehr als 300 im Jahr – ohne die Anrufe zu zählen – von Studenten, die mich bitten, ihnen dabei behilflich zu sein, mit »Walen und Delphinen« arbeiten zu dürfen. Die meisten bitten um ein Praktikum oder schlagen eine freiwillige Zusammenarbeit vor. Ich lese sie natürlich alle, aber meine Assistenten antworten darauf, und wir können nur selten positiv auf die Anfragen reagieren. Dieser Brief war jedoch so seltsam, daß ich den Verfasser kennenlernen wollte. Im wesentlichen hatte mein Korrespondent geschrieben, daß er am Ende seines Agraringenieur-Studiums in Dijon stehe und ein Thema für eine wissenschaftliche Arbeit vorschlagen müsse. Er wolle, statt sich mit dem Stoffwechsel von Kartoffelparasiten zu beschäftigen, lieber über Schwertwale sprechen.

Soweit ich mich erinnern konnte, war Dijon kein Hafen, und ich konnte mir nicht vorstellen, was die Studie eines Meeressäugetiers jemandem bringen sollte, der sich der Arbeit mit der Erde verschrieben hatte. Der Autor war also ein wunderbares Original, und ich verabredete mich mit ihm im Zentrum von La Rochelle. Es war Christophe Guinet.

Zum verabredeten Zeitpunkt sah ich nicht nur ein, sondern zwei Originale mein Büro betreten. Der eine war Christophe und der andere sein Dozent, der ihn begleiten wollte, um mir zu beweisen, daß sein Schüler kein Verrückter oder Blender war. Tatsächlich sah Christoph nicht wie ein Scharlatan aus und noch weniger wie ein unbesonnener Abenteurer, der vor Ungeduld brennt, Schwertwale durch alle Meere zu verfolgen. Er erinnerte eher an einen großen Jungen. Obwohl er älter als 20 Jahre sein mußte, sah er höchstens wie 15 aus.

Aber als er mir sein Vorhaben erklärte, vergaß ich seine Erd-

studien und seine Erscheinung und sah nur noch die Entschlos-
senheit, die seiner Rede etwas Leidenschaftliches gab. Er war
wagemutig, er wußte, was er wollte. Ich war sicher, daß es ihm
nicht an Willenskraft fehlte. Später hat mir Christophe erzählt,
daß er in einer Familie aufwuchs, in der Phantasie und Kreativi-
tät gefragt waren. Sein Vater ist eine Art unermüdlicher Erfin-
der, dessen Garage dem Labor eines besonders begabten Profes-
sors Bienlein gleicht. Christophe war nicht aus der Art geschla-
gen, er glaubte, daß die Zukunft den Träumern gehört. Und er
hatte recht.

Aber in diesem Fall mußte man etwas nachhelfen. Ich versprach ihm nichts, aber ich beschloß, sein Vorhaben zu erleich-
tern, indem ich ihn mit zwei kanadischen Kollegen, Michael
Bigg und John Ford, die schon seit 15 Jahren an der Westküste
Kanadas in der Nähe von Vancouver Schwertwale beobachteten,
zusammenbrachte. Ihr Labor war bereits weltweit bekannt, und
viele Studenten baten darum, dort ein Praktikum absolvieren zu
dürfen. Vielleicht waren sie für die offensichtliche Leidenschaft
meines »Schützlings« so empfänglich wie ich.

Einige Monate später erteilte Michael Bigg ihm eine Zusage.
Christophe war im siebten Himmel. Er hatte zu überzeugen
gewußt und bewies Tatkraft, da er seine Reise selbst finanzierte
und einen Sponsor ausfindig machte, der bereit war, ihm ein
winziges Schlauchboot mit einem asthmatischen Motor zu
geben. Aber das war besser als nichts: Christophe bewies damit,
daß er motiviert war, und außerdem verschaffte es ihm eine
gewisse Autonomie. Das war genug, um die Gelegenheit beim
Schopf zu packen.

Christophe gesellte sich also zu Michael Biggs Mannschaft
und beteiligte sich während des Sommers an deren Arbeit über
zwei Schwertwalherden, die sich in Verhalten und Morphologie
unterschieden. Meine Kollegen hielten die eine für Bewohner
der Küsten Britisch-Kolumbiens, wo sie sich während des Sommers in der Meerenge, die viele Lachse nach ihrer Migration

aufsuchen, sammelten. Die andere ernährte sich vorwiegend von Meeressäugetieren und war nur ein gelegentlicher Besucher der Küsten Britisch-Kolumbiens.

Die Studien waren sehr weit fortgeschritten, aber es gab nur wenige Beobachtungen während des Winters aufgrund der harten Wetterbedingungen. Die Lebensbedingungen vor Ort waren mehr als zweifelhaft: eine zwölf Quadratmeter große Holzhütte auf einem einsamen Inselchen. Christophe, den die Leidenschaft trieb, zeigte seinen guten Willen, aber Michael Bigg nahm ihn nicht wirklich ernst. Da er nicht wußte, was er nach dem Sommer mit ihm anfangen sollte, sagte er zu ihm: »Wenn du möchtest, kannst du während der kalten Jahreszeit in der Hütte bleiben und arbeiten.« Er war sicher, daß der kleine Franzose nach Hause gehen würde. Man muß mehr als nur dreist sein, um sich am äußersten Zipfel Kanadas in einen Eremiten zu verwandeln. Man muß auch ein wenig verrückt sein. Christophe hatte beide »Qualitäten« und nahm ohne zu zögern an.

Er war während des ganzen Winters allein mit den Schwertwalen, den tobenden Stürmen, der Stille der Schneefälle, der Kälte. Der Agrarstudent aus Dijon erinnerte in seinen alten Klamotten an die einsamen Vagabunden aus Jack Londons Romanen. Woche für Woche beobachtete er die Schwertwale, und vor allem lauschte er in seiner Hütte mit dem dürftigen Ofen unermüdlich den Lauten aus den Hydrophonen, die entlang der Küste installiert waren. Die Bucht war mit Mikros gespickt, und niemand vor ihm hatte das gehört, was er hörte. Christophe, der praktisch keinerlei wissenschaftliche Erfahrung oder besondere Ausbildung hatte, führte somit die erste Winterstudie über eine Schwertwalpopulation durch. Und auch über die Geräusche der Fischerboote, die die Gegend befuhren. Nach seiner Rückkehr erklärte er mir, daß er jedes der Boote erkennen könne: »Ich bin unschlagbar. Put, put, put, das war John. Tüf, tüf, tüf, das war Jack. Pom, pom, töf, das war Alan.« Das außerordentlichste an diesem Abenteuer war aber, daß Christophe die Forschungsergebnisse von Mike Biggs hervorragender Mannschaft revidierte: Die Herde, die man für seßhaft hielt, war tatsächlich nur ein saisonaler Bewohner, und jene, die man auf der Durchreise wähnte, konnte das ganze Jahr über beobachtet werden. Diese Arbeit trug entscheidend dazu bei, das Verhalten dieser Spezies zu verstehen.

Als Christophe am Ende des Winters die Bedeutung seiner Untersuchungen klar wurde, ging er sofort zu Mike, um ihn zu informieren. Er betrat das Haus, und mein kanadischer Kollege erblickte einen Mann aus den Wäldern. Er erkannte ihn kaum mit seinem Bart, seiner wilden Mähne und den Eremitenlumpen. Die Hütte auf der Insel war nicht nur klein, sie hatte natürlich auch keine Dusche. Ein einziges Mal hatte Christophe an einem sonnigen Tag versucht, ein Bad zu nehmen. Er hatte eine große gußeiserne Wanne, die auf einem Felsblock stand, mit Wasser gefüllt und ein Feuer darunter geschürt. Als Christophe glaubte, daß das Wasser warm genug sei, hatte er sich schnell ausgezogen und war in die Wanne gehüpft. Wie von der Tarantel gestochen war er jedoch mit verbrannten Fußsohlen sofort wieder herausgesprungen. Das Wasser war an der Oberfläche fast kalt gewesen, aber der Boden der Wanne hatte wegen des Feuers darunter geglüht. Daraufhin hatte er keinen zweiten Versuch mehr unternommen, sich zu waschen. Deshalb wurde Christoph zunächst in ein Badezimmer gesteckt, bevor er Mike Bigg seine Theorie erklären konnte.

Christophe hat aus seinen entscheidenden Beobachtungen zum Verständnis dieser Tiere zwar keinen persönlichen Nutzen gezogen, aber er hat aus Kanada Erfahrungen mitgebracht, die ihm als Basis für seine späteren Studien dienten. Seit diesem Winteraufenthalt auf der Insel hat er nicht aufgehört zu reisen, zu beobachten, zu studieren und zu veröffentlichen. Seine Arbeiten sind heute grundlegend.

Seitdem spricht man weltweit praktisch nicht mehr über Schwertwale, ohne den Namen Guinet zu erwähnen. Durch ihn erfuhr man, daß ein junger Schwertwal nicht nur von seiner Mutter ausgebildet wird. Er bleibt mindestens fünf bis sechs Jahre lang eng mit ihr verbunden, und sie bringt ihm alles Wesentliche bei. Er kann aber spezielle Verhaltensmuster auch von anderen Weibchen der Gruppe lernen, die erfahrener sind als seine eigene Mutter. Einige Tiere beherrschen ein bestimmtes Gebiet besonders gut wie z. B. die Jagd in Lauerstellung, die Tarnung oder das bewußte Stranden, und diese Tiere schulen dann die jüngeren. Schwertwale verhalten sich nicht nur in allen Weltmeeren unterschiedlich, auch innerhalb derselben Herde unterscheidet man Tiere, die mehr Geschick bei der Verfolgung, Lokalisierung, Annäherung an die Beute oder dem Zutreiben der Beute zur Herde zeigen. Jeder spielt bei den verschiedenen Arten der Jagd eine andere Rolle. Man kann eine perfekte Koordination innerhalb der Mitglieder einer Herde oder zwischen mehreren Herden beobachten, wenn Vorkommen oder Größe der Beute die Zusammenarbeit mehrerer matriarchalischer Einheiten erfordern. Die Techniken dieser Tiere sind nicht starr, sondern entwickeln sich mit der Zeit und sind je nach Herde unterschiedlich. Die Vielfalt ihrer Verhaltensweisen beweist am besten die Intelligenz der Schwertwale, da sie aus ihrer Erfahrung lernen und sich entsprechend anpassen können. Die Untersuchung ihrer Laute liefert hierfür einen weiteren Beweis.

Ein Forscher hatte alle Laute seiner gefangenen Schwertwale aufgezeichnet, dann spielte er sie ab und ordnete ihnen jeweils einen Gegenstand oder eine Handlung zu. Die Tiere verstanden schnell die »Bedeutung« der Laute, die sie von sich geben konnten. Vor allem zeigten sie, daß sie fähig waren, eine Grundsyntax zu erstellen, indem sie beispielsweise die Laute für »Fisch« oder für »wollen« verwendeten, wenn der Dompteur die Essenszeit verstreichen ließ. Es war eine sehr interessante Erfahrung, denn zum ersten Mal konnte ein Delphin seinen Dompteur um etwas bitten. Die Kommunikation fand nicht mehr nur in einer Richtung statt, vom Menschen zum Tier. Die Tatsache, daß Schwertwale über ein sehr wirksames Kommunikationssystem verfügen, genügt allerdings noch nicht, um daraus zu schließen, daß sie eine echte Sprache besitzen. Die Qualität der Vokalisen reicht nicht aus, um dies zu bestätigen. Die Vokalisen der Amseln sind zehnmal entwickelter als die der Schwertwale, aber niemand denkt, daß Amseln miteinander »sprechen«. Oder daß sie womöglich durch ihren Gesang versuchen, mit uns Menschen zu kommunizieren.

Die Fähigkeit der Schwertwale, sich etwas zu merken und Informationen weiterzugeben, zeigt sich auch bei den Spielen, die sie erfinden, oder in der Art, in der sie fliehen, wenn sie dies denn wollen, auch wenn ihnen in der Natur kein Räuber gefährlich wird. Wenn sie die Passagiere eines Schiffes, das auf sie zufährt, irreführen wollen, erscheinen ein oder zwei Schwertwale an der Oberfläche in dessen Nähe und schwimmen in eine bestimmte Richtung, während der Rest der Herde unter Wasser sich in die andere Richtung bewegt. Es handelt sich um ein richtiges Täuschungsmanöver, damit niemand weiß, wo sich der Großteil der Herde aufhält bzw. wohin diese wirklich will. Damit das möglich ist, muß nicht nur die Kommunikation perfekt funktionieren, es muß auch einen Dirigenten geben, der diese Strategie befehligt und organisiert.

Der Zusammenhalt der Herde ist in diesem Punkt entscheidend. Manchmal sind die Reviere 400 Quadratkilometer groß, aber auch dann ist die Solidarität der Tiere enorm. 1965 fingen Fischer aus Britisch-Kolumbien versehentlich einen großen Schwertwalbullen und verkauften ihn für 8 000 Dollar an ein Delphinarium. Als sie ihn an diese Einrichtung liefern wollten, packten sie den Schwertwal in einen schwimmenden Käfig und schleppten ihn 700 Kilometer weit. Während der ganzen Reise, die 14 Tage dauerte, begleiteten ihn die Mitglieder seiner Herde, ohne müde zu werden oder sich zu entfernen, und kommunizierten mit dem »Gefangenen«. Die Fischer konnten ihre

Schreie Tag und Nacht hören. Genauso war es, als sie wegen ihres sehr feinen Öles – ein Schwertwal von vier Tonnen liefert eineinhalb Tonnen Öl und zwei Tonnen Fleisch – gejagt wurden: Wenn ein Walkalb getötet wurde, war man praktisch sicher, die Mutter tagelang in der Gegend zu sehen. Selbst wenn die Mutter verwundet war, sogar lebensgefährlich, floh sie nicht und blieb bei ihrem Jungen. 25 Jahre Beobachtungen in Britisch-Kolumbien durch Mike Biggs' Mannschaft und zehn Jahre Arbeit auf den Crozet-Inseln von Christophe zeigen, daß die Schwertwalherden richtige Familien bilden, deren Mitglieder oftmals eng verwandt sind.

Aufgrund der Studien, die Christophe Guinet während seiner Aufenthalte auf den Crozet-Inseln im Indischen Ozean durchgeführt hat, verdankt man ihm außerdem die Kenntnis der Jagdtechniken dieser Spezies Eine dieser Techniken ist besonders außergewöhnlich: das Stranden. Es gibt wunderbare Filme, bei denen Christoph als Berater fungierte: Schwertwalherden, die sich zusammentun, um Pinguine oder junge See-Elefanten zu fangen, die an der Küste versammelt sind. Die Bilder sind einmalig. Die riesigen Raubtiere liegen vor der Küste leise auf der Lauer, sie »belagern« die Bucht: Weibchen und Jungtiere bleiben in der Nähe der Küste, während die großen Bullen im offenen Meer patrouillieren. Wenn sie sehen, daß ein junger unvorsichtiger Seehund im Wasser plätschert, nähern sie sich ihm mit großer Geschwindigkeit und springen aus dem Wasser, um auf den Kieselsteinen die überraschte Beute zu ergreifen, die sich in Sicherheit wähnte. Das Weibchen in der Gruppe, das diese Technik am besten beherrscht, lehrt die Jungen im Wasser, auf ihrem Rücken zu stranden, bevor sie zuläßt, daß sie dieses Verhalten am Ufer anwenden. Denn wenn der Schwertwal zu weit gestrandet ist, besteht die Gefahr, daß er trotz kräftiger Schwanzbewegungen nicht mehr in der Lage ist, ins Wasser zurückzukehren.

Die Technik ist ausgefeilt, aber nicht alle Tiere führen sie mit dem gleichen Erfolg aus. Die Skelette, die man an den Küsten findet, beweisen dies. Ungeschickte Schwertwale stranden und kommen nicht mehr weg. Dann beginnt ein langer, schmerzhafter, schrecklicher Todeskampf. Die Haut trocknet aus, und das Tier erstickt an seinem eigenen Gewicht, da es nicht mehr vom Wasser getragen wird. Dieses Schicksal ist vergleichbar mit dem Erleiden schwerer Verbrennungen. In Crozet war Christophe Zeuge eines mißglückten Strandens. Eines Morgens hörte er seltsame Schreie, als er seine Mikros in einer Bucht installieren wollte. Ein weibliches Jungtier war etwas zu heftig gestrandet und konnte die Welle nicht erreichen, die es wieder ins Wasser zurückbringen sollte. Einige Dutzend Meter vom Ufer entfernt kreiste seine Mutter, die machtlos auf den unausweichlichen Tod ihres Jungen warten mußte. Zusammen mit den Kameraden vom Lager konnten sie den Schwertwal drehen, bis sein Kopf zur Bucht schaute. Stück für Stück gelang es ihnen, das Tier, das schon mehr als eine Tonne wog, weiterzuschieben. Schließlich wurde es von einer Welle aufgenommen und kehrte zu seiner Mutter zurück. Auf dem Videofilm über die Rettung sieht man Christophe tropfnaß Freudensprünge vollführen, während der Schwertwal ins sichere Meer gleitet.

Christophe verbrachte viel Zeit auf den Crozet-Inseln, um das Verhalten und die Entwicklung der Schwertwale zu beobachten. Mehrmals gingen die jungen Forscher bis zu ihren Stiefeln ins Wasser, wenn eine Gruppe von Schwertwalen das Stranden übte, um diesen wunderbaren Delphinen näherzukommen. Sie waren nur einige Meter entfernt und beobachteten sich gegenseitig. Man muß schon Mut haben, um einem Raubtier von einigen Tonnen gegenüberzutreten, das nicht zögern würde, es mit einer viel größeren Beute aufzunehmen. Aber Christophe fühlte, daß Schwertwale nicht darauf »programmiert« sind, dieses seltsame Wesen anzugreifen, zwei lange Beine im Wasser und darüber ein eigenartiges Gebilde. Selbst der größte Räuber läßt sich Zeit, bevor er es wagt, gegen ein Tier zu kämpfen, dessen Verhalten und Reaktionen er nicht kennt. Was mochten die Schwertwale wohl denken? Wahrscheinlich so etwas wie: »Ob man dieses Ding essen kann? An welchem Ende faßt man es wohl an?« Mit jeder Begegnung, bei der die Zweifel durch die Gewöhnung etwas mehr beiseite geschoben wurden, änderte sich das Verhalten der Schwertwale, bis Christophe eines Tages den Eindruck hatte, daß die Überlegungen der Tiere etwa so waren: »Ich kann ja mal versuchen reinzubeißen, um zu sehen, wie das Ding schmeckt und wie es reagiert.« Da hörten Christophe und seine Kameraden sofort und definitiv auf, ins Wasser zu gehen, wenn die Schwertwale da waren. Er wollte sich keinesfalls über sie lustig machen, und noch weniger wollte er als Krüppel von diesem Auftrag zurückkehren, der es ihm ermöglichte, seine Beobachtungen im Rahmen einer Doktorarbeit auszuarbeiten.

Hatten die Schwertwale wirklich vorgehabt, sie anzugreifen? Sie wußten es nicht und zogen es vor, es dabei zu belassen, auch weiterhin nichts darüber zu wissen. Der Mensch steht *a priori* nicht auf ihrer »Beuteliste«. Es gibt keinen Grund, warum Schwertwale einen Menschen bei der ersten Begegnung angreifen sollten, wenn sie sich nicht in Gefahr glauben. Aber wenn sie etwas hungrig sind und täglich Menschen in ihrem gewohnten Jagdgebiet sehen, weiß man nicht, ob sie nicht versucht wären, diesen Hausgast in ihre »Liste« aufzunehmen. Nur einmal, nur zum Probieren.

Schwertwale haben den dummen Ruf, die Wölfe der Meere, Rekordhalter der Gefräßigkeit zu sein, weil sie es an bestimmten Stellen zu bestimmten Zeiten wagen, Seevögel oder Meeressäugetiere anzugreifen und sich nicht, wie andere Delphine, mit Fischen, Kopffüßern oder Krebstieren begnügen. Außerdem jagen sie als organisierte Gruppe Delphinschwärme oder Seehunde. Sie töten sie mit einem Biß, schlagen sie mit der Schnauze oder werfen sie in die Luft und betäuben sie mit einem Schlag ihrer Fluke, bevor sie sie verschlingen. Man hat einmal einen Schwertwal gefangen, in dessen Magen die Reste von acht kleinen Tümmlern waren. Er konnte sie unmöglich alle gleichzeitig gefressen haben. Man kennt zwar die Verdauungszeit nicht ganz genau, aber man kann sich vorstellen, daß es sich hier um die Reste von mehreren Jagdtagen gehandelt hat.

Man hat auch gesehen, wie sechs Schwertwale eine Gruppe kalifornischer Seelöwen verfolgten, welche verzweifelt versuchten, das Ufer zu erreichen. Die Schwertwale holten sie ein und amüsierten sich, indem sie sie mit ihrer Schwanzflosse in die Luft warfen. Als sie mit ihren Prügelknaben genug gespielt hatten, kreisten sie diese ein und schafften es, alle zu töten, bevor sie die Küste erreichen konnten. Aus unserer Sicht sind solche Szenen grausam, aber Spiele dieser Art sind beim Erlernen der Jagdtechniken sehr wichtig. In der Arktis flüchten die Narwale, eine Lieblingsbeute der Schwertwale, in enge Kanäle zwischen dem Packeis, in die sich ihre Räuber nicht wagen. Aber es kommt vor, daß selbst das Eis die Mörderwale nicht aufhält. Sie gruppieren sich z. B., um eine große schwimmende Eisscholle umzudrehen, auf die sich ein Seehund gerettet hat, und sind auch in der Lage, in der Tiefe Anlauf zu nehmen und das Packeis mit dem Kopf an der Stelle aufzubrechen, an der eine Beute ahnungslos faulenzt. Noch erstaunlicher ist, daß sich ein Schwertwal mit großer Geschwindigkeit einer Eisscholle nähert, die zu dick ist, um mit dem Kopf zerbrochen zu werden, und damit eine künstliche Welle erzeugt, die sich auf dem Eis bricht, die Oberfläche überflutet und den Seehund, der sich dort ausgeruht hat, ins Wasser zieht. Dann muß der Schwertwal den unglücklichen Flossenfüßler nur noch schlucken.

Die Arbeit Christophes auf diesem Gebiet hat viele vorgefertigte Meinungen, z. B. über die Kommunikation, umgestoßen. Wenn ein Schwertwal eine Beute fängt, stößt er einen besonderen Schrei aus, einen Schrei der Aufregung, der den Rest der Gruppe anzieht. Dann wird die Beute geteilt. Man glaubte, daß sie ihre Artgenossen riefen. Aber in Crozet bemerkte Christophe, daß einige Tiere nicht so laut schrien oder nach dem Fang sogar still blieben. Sie erstickten ihren Schrei und zeigten sich damit sehr viel weniger uneigennützig. Sie verbargen ihre Freude, um ihren Fang allein zu verschlingen, um nicht teilen zu müssen.

Man kann sagen, daß uns Christophe die Augen über eine Spezies geöffnet hat, von der wir nicht viel wußten. Heute ist sie sehr populär, wenn auch immer noch mysteriös. Ihre Technik, Pinguine zu zerlegen, bleibt rätselhaft. Wenn ein Schwertwal einen Pinguin fängt, spielt er mit ihm wie die Katze mit der Maus. Später treiben Haut und Federn auf dem Wasser, um die sich bald große Sturmvögel und Möwen streiten. Man weiß immer noch nicht, wie er das macht, da es von unglaublicher Geschicklichkeit zeugt. Es gibt also noch viel zu entdecken und zu lernen, und es bedarf mehr als eines Christophe Guinet, um alle Fragen erschöpfend zu beantworten.

Heute ist Christophe ein anerkannter Doktor der Naturwissenschaften, der auf dem Gebiet des Tierverhaltens brilliert und die Forschungen anderer junger Doktoranden begleitet. Zukünftig wird er sich der Erforschung der Ohrenrobben widmen, und er hofft, durch seine Arbeit zu einer besseren Diagnose des Zustands der Meere und damit des Planeten beitragen zu können. Immer wenn wir uns treffen und von unserer ersten Begegnung sprechen, von diesem Tag, an dem er unter den Fittichen seines Dozenten in mein Büro gekommen war, sagt Christophe, daß ich es ihm ermöglicht habe, den ersten Schritt auf dem Weg, den er auskundschaften wollte, zu tun. Das schmeichelt mir natürlich, aber in meinem Innersten weiß ich, daß man nur demjenigen hilft, der sich schon auf dem Weg befindet, den er gewählt hat. Demjenigen, der die richtige Tür zu öffnen wußte. Seinen Mut müßten andere Studenten auch haben. All jene, die sich von einer wirklichen Leidenschaft getrieben sehen, einer Leidenschaft, die sie bestärkt, den richtigen Weg zu suchen und trotz aller Schwierigkeiten nicht nachzugeben. Wir bräuchten zehn, 20, 100 Christophe Guinets. Wir brauchen sie wirklich.

10.

Es gibt noch viel zu entdecken

»Warum erforschen Sie Waltiere? Man kennt sie doch alle, Sie werden nichts Neues entdecken...« Manchmal höre ich solche Worte. Natürlich hätte ich Insektenforscherin werden können, jeden Monat auf der Jagd nach einem seltsamen Insekt, einer eigenartigen Mücke aus Sibirien, einer nie aufgelisteten Larve aus Borneo, einem Skarabäus aus dem Amazonas, der nicht erfaßt ist. Vielleicht wäre ich damit glücklich gewesen, aber sicher nie so sehr wie an dem Tag, an dem ich fast vor meiner Haustür eine Herde praktisch unbekannter Delphine entdeckte. Ich fühlte mich wie ein Spezialist der afrikanischen Fauna, der vor seinem Zelt im Busch eine Gruppe »neuer« Katzen entdeckt, die in diesem Land noch nie gesehen worden ist.

Alles fing wie ein Abenteuerroman an – es war vor etwa hundert Jahren...

An einem Strand von Sarawak, im Nordwesten der Insel Borneo, findet ein englischer Arzt zufällig einen Schädel unbekannter Herkunft. Er ähnelt einem Delphin. Er nimmt den Schädel und schickt ihn an ein biologisches Archiv in London. Das *British Museum* kauft das Exemplar, legt es in ein Regal, und bald gerät es in Vergessenheit. 50 Jahre später entdeckt Dr. Fraser, ein bekannter Biologe des Instituts, den Schädel wieder und zögert. Dieser seltsame Kopf gehört zu keiner bekannten Delphinart. Worum handelt es sich, vielleicht um einen Hybriden? Fraser zögert lange und beschließt 1956, daß der Schädel von Sarawak einem unbekannten Delphin gehört. Er beschreibt diese neue Spezies und gibt ihm den lateinischen Namen *Lagenodelphis hosei*, aber künftig wird er nur noch *Fraser's dolphin* (deutscher Name: Borneodelphin) genannt. Seit der Beschreibung des

Schädels sind bereits 15 Jahre vergangen, aber man weiß immer noch nicht, wie dieser Delphin aussieht. Niemand hat ihn lebend gesehen, zumindest niemand, der in der Lage wäre, einen Bezug zu diesem neuen Schädel herzustellen. 1971 werden plötzlich wie durch ein Wunder neun Exemplare dieser neu entdeckten Spezies versehentlich im Südpazifik und im Indischen Ozean gefangen. Im gleichen Jahr stranden zwei solche Tiere, eines in Japan, das andere in Taiwan. Sofort sehen sich sechs Forscher die mehr oder weniger frischen Überreste an, und 1973 veröffentlichen Bill Perrin und seine Mitarbeiter die erste morphologische Beschreibung, Pigmentierung, Anatomie der Geschlechtsorgane, Mageninhalte und Parasiten. Es ist nicht viel, aber besser als nichts. Von da an interessieren sich alle auf Waltiere spezialisierten Wissenschaftler für den Borneodelphin, und es folgen flüchtige, weiterhin seltene Beobachtungen. Man glaubt ihn überall zu sehen, doch nie ist er es wirklich. Der Borneodelphin wird zu unserem Phantom. 1984, fast ein Jahrhundert nach der Entdeckung des Skeletts von Sarawak, beschränkt sich das Wissen über dieses Tier auf wenige Informationen, die auf ca. 20 Skeletten und 15 Beobachtungen in den südlichen Gewässern des Pazifiks, der Karibik und des Indischen Ozeans basieren.

Am 29. Mai 1984 signalisieren bretonische Fischer des Departments Côtes-du-Nord eine Gruppe von 30 Delphinen im Trégorrois-Gebiet an der Mündung des Jaudy, der in den Ärmelkanal fließt. Während die Flut steigt, dringen die Tiere in die Mündung ein und schwimmen ruhig in Richtung Treguier weiter. Das ist ein tragischer Fehler, denn die Gegend ist gefährlich. 22 unvorsichtige Grindwale haben einige Jahre vorher dort den Tod gefunden. Hier erreichen die Strömungen der Flut manchmal drei Knoten (fünfeinhalb Stundenkilometer), was Ende Mai jenes Jahres der Fall war, wobei die Mergelung [Boden aus ton- und kalkhaltigen Sedimentgesteinen] mehr als sieben Meter betrug. Das Wasser steigt sehr schnell und geht

genauso schnell zurück, dabei verwandelt sich der Jaudy in eine
Falle. Am 30. Mai stranden zehn Delphine der Gruppe, die man
am Vorabend beobachtet hatte, in der Nähe des Inselchens Loa-
ven und sterben eingeklemmt unter den Austernbänken. Später
findet man einen elften Kadaver auf der Insel bei Poules. Es sind
alles Borneodelphine.

Das kleinste Exemplar ist ein Männchen, fünf Jahre alt, noch
nicht geschlechtsreif, 2,13 Meter lang. Die anderen sechs
Männchen und die drei Weibchen, wovon das größte 2,52
Meter mißt, sind geschlechtsreif. Das größte Weibchen ist mit
16 Jahren auch das älteste. Das Äußere der Tiere erinnert an den
Lagenorhynchus, jedoch sind sie schmaler. Ihr Schnabel ist
kurz, ihre Stirn etwas fliehend, und hinter dem Kopf befindet
sich eine leichte Einbuchtung. Ihre Schwimmflossen sind klein,
sie sind von grauer Farbe, am Rücken etwas dunkler als an den
Seiten, und ihr Bauch ist vom Kinn bis zur genital-analen Spalte
weiß. Ein dunkler Strich zieht sich von der Stirn über dem Auge
vorbei an den Seiten hinunter bis zur Schwanzflosse.

Es ist das erste Mal, daß diese Tiere in den kalten Gewässern
gesichtet werden, zweifellos aufgrund der außergewöhnlichen
klimatischen Bedingungen. Dadurch können wir unter völlig
unerwarteten Umständen eine große Gruppe dieser mysteriösen
Spezies beobachten und Daten über ihre Verteilung, Einord-
nung, Reproduktion, Ernährung und ihre Parasiten sammeln.
Man hebt die Schädel von zehn Exemplaren auf, aber man
nimmt nur drei Skelette. Nach einem groben Abdecken, einer
ziemlich unangenehmen Arbeit, werden die Knochenteile drei
Tage lang in fließendes Wasser gelegt, um sie ausbluten zu lassen. Dann bleiben die Skelette fast sechs Wochen lang in einem
38 Grad heißen Wasserbad, bis die Knochen fettfrei und sauber
sind, danach trocknen sie eine Woche lang bei Raumtemperatur.
Das Forschungszentrum von La Rochelle besitzt die schönste
Sammlung dieser Spezies weltweit. Es kommt äußerst selten
vor, daß man auf eine neue Spezies eines entwickelten großen

Säugetiers trifft. An Land ist dies fast unvorstellbar, aber im Meer ist nichts unmöglich, und der Zufall kann noch große Überraschungen bereithalten.

Im Januar 1991 erscheint in der Fachzeitschrift *Marine Mammal Science* ein Artikel, der anhand von zehn Schädeln, die man an den Küsten Perus gefunden hat, eine neue Delphinspezies, den Zwerg-Schnabelwal, beschreibt. Nur zwei Tiere konnten relativ kurze Zeit nach ihrem Tod in Augenschein genommen und somit ihr äußeres Erscheinen beschrieben werden. Da die erwachsenen Tiere dreieinhalb bis vier Meter lang waren, fragt man sich, wie es möglich ist, daß diese großen Tiere in einem so befahrenen Gebiet bis zum Ende des 20. Jahrhunderts unbemerkt geblieben sind. Noch später, 1995, wird ein weiterer Zweizahnwal auf der Robinson-Crusoe-Insel im Juan-Fernandez-Archipel vor Chile entdeckt. Sein Schädel zeigt eindeutig, daß es sich um eine andere Spezies als alle bisher identifizierten handelt, aber man konnte kein einziges lebendes Exemplar und auch kein totes beobachten. Wie viele Jahre müssen wir noch warten, bis wir erfahren, wie dieser Delphin aussieht? Und wie lange wird es dauern, bis wieder eine unbekannte Spezies beschrieben wird? Die Vorstellung, daß man auf diesem Planeten noch neue Bewohner entdecken kann, begeistert mich, selbst wenn es sich um eine unbekannte Mücke vom äußersten Zipfel Sibiriens oder um eine Orchidee mitten im Amazonas handelt, und erst recht, wenn es um so faszinierende Tiere wie Delphine geht.

Vielleicht reckt eines schönen Tages ein unbekannter Delphin am Minimes-Strand von La Rochelle seinen Schnabel vor den Fenstern des Forschungszentrums in die Höhe. Das ist natürlich ein Traum, aber keine Utopie.

Für diese überraschenden Auftritte – die natürlich traurig sind, da es sich um tote Tiere handelt – hat mein Vorgänger, Raymond Duguy, an unserer Atlantikküste ein Netz eingerichtet. Anfang der 70er Jahre versuchte er, Beobachter zu sensibili-

sieren, als er bemerkte, daß seltene Waltiere bis zu unseren
Stränden abtrieben. Es waren Polizisten, Feuerwehrmänner,
Angestellte des Amtes für Meeresangelegenheiten und der
Küstengemeinden, die jedes Stranden melden sollten. Er wollte
dadurch unsere Kenntnis der Fauna verbessern, da bis dahin
außer Tümmlern nur wenige Waltierarten an den französischen
Küsten gesehen worden waren. Dieses Netz begann nach und
nach seine Funktion zu erfüllen und hat in mehr als 20 Jahren
viel geleistet. Die »Korrespondenten« des Zentrums, wie wir sie
nennen, sind wunderbare Leute, allesamt Freiwillige, die einfach daran interessiert sind, etwas über die Fauna ihrer Region
zu erfahren. Sie sind immer bereit, uns zu helfen, wenn Meeressäugetiere stranden. Ohne sie, die zum Teil schon seit über 20
Jahren unsere Arbeit verfolgen, könnte sich das Zentrum von La
Rochelle sicher nicht rühmen, eine der schönsten Sammlungen
Europas bzw. eine der wichtigsten Datenbanken auf diesem
Gebiet zu besitzen. Dieses Netz ist wertvoll, es erlaubt uns heute
nicht nur, fremde Arten zu entdecken, sondern auch die Probleme aufzuzeigen, die ein übermäßiger Fischfang verursacht, oder
schnell Krankheiten aufzuspüren, denen Wale, Delphine und
Seehunde manchmal zum Opfer fallen. Diese Arbeit ist sehr
wichtig und übersteigt bei weitem den Rahmen der Erforschung
einiger Spezies. Säugetiere sind die besten biologischen Indika-
toren des Meeres. Wenn sie krank sind, sind es wahrscheinlich
auch die Fische und das Plankton, vielleicht das ganze Wasser.
Wenn Delphine niesen, erkälten sich die Meere. Ohne das Netz
für gestrandete Tiere, das sich zu einer Art permanentem und
systematischem Thermometer entwickelt hat, könnten wir
nicht feststellen, ob das auftretende Problem groß oder klein,
begrenzt oder allgemeiner Art ist. Wir arbeiten so ähnlich wie
die Umweltkontrolleure in den Großstädten. Man muß täglich
zu festen Zeiten Proben entnehmen, wenn man wissen will, ob
zu einem bestimmten Zeitpunkt eine Gefahr droht. Deshalb
fahren wir immer sofort los, wenn ein Anruf kommt, ob Tag,

Nacht oder Wochenende, gleich, in welchem Zustand und wo sich das Tier befindet. Die Autopsien, die wir an noch nicht zu stark verwesten Tieren durchführen, ermöglichen es uns herauszufinden, ob das Tier krank war und ob diese Krankheit seinen Tod verursacht hat. Wir entnehmen die Zähne zur Bestimmung des Alters sowie andere Proben für genetische, pathologische, Reproduktions- und Umweltuntersuchungen.

Manchmal ist die Überraschung wirklich groß. 1996 erhalten wir von einem Fangschiff, das vor der Küste der Vendée kreuzt, ein Fax, in dem uns ein Korrespondent über das Auftauchen eines »großen grauen Tieres« informiert, das er nicht identifizieren kann. Einige Stunden später signalisiert ein Anruf einen »rosa Seehund« auf den Felsen in derselben Gegend. Grau, dann rosa. Zuerst denke ich, daß es sich um zwei Tiere handelt, obwohl ich aus Erfahrung weiß, daß ich es meistens mit dem gleichen Exemplar zu tun habe, wenn mehrere Meldungen nacheinander eintreffen. Ich kenne aber nur eine Art Meeressäugetier, das in der Lage ist, die Farbe zu wechseln, wenn es vom Meer an Land geht: das Walroß, dessen Epidermis im Meer dunkler ist, weil sie nicht mehr durchblutet wird, während das Blut in die oberen Hautschichten steigt, wenn es längere Zeit an Land verbracht hat, wo die Luft wärmer ist. Ein Walroß in Frankreich? Unmöglich. Da könnte auch ein Orang-Utan in den Alpen oder ein Strauß in der Beauce herumspazieren, es sei denn, das Tier ist aus dem Zoo entwischt. Ein Walroß mag nur Packeis, vereiste Kiesel und große Venusmuscheln, die es im Schlamm ansaugt und dann mit seinem Kiefer knackt. Seine enormen Stoßzähne dienen ihm nur als Greifer, um auf das Eis oder die Felsen zu klettern und um seine Macht zu zeigen. Die Spezies zählt etwa 150 000 Tiere, die auf zwei unterschiedliche Populationen verteilt sind, eine im Pazifik und die andere im Atlantik, aber beide leben in den arktischen und subarktischen Regionen. Am nächsten Tag ein neuer Anruf von einem Korrespondenten aus La Palmyre in der Nähe von Royan: Am Strand befindet sich tatsächlich ein Walroß, es wiegt mehrere Tonnen. Als meine Mitarbeiter dort ankommen, lebt das Tier noch bzw. liegt im Koma und ist schrecklich abgemagert, so daß man teilweise die Knochen sieht. Leider macht die Diagnose keinerlei Hoffnung. Wir beschließen, Sterbehilfe zu leisten, um sein Leiden zu verkürzen. Ich hasse es, ein Tier zu betäuben im Wissen, daß es nie mehr aufwachen wird. Durch die vor Ort vorgenommene Autopsie können wir eine allgemeine Blutvergiftung diagnostizieren. Weitere Proben für genetische Tests zeigen, daß unser Walroß aus Spitzbergen kommt. Vielleicht war es schon krank, bevor es sich in den Süden aufgemacht hat, sicher war dies der Grund dafür, daß es seine gewohnte Umgebung verlassen hat. Jedenfalls ist es bis zu uns gekommen, 5 000 Kilometer von seinen Heimatgewässern entfernt, um zu sterben.

Einmal haben wir einen weiblichen Schwertwal in Saint-Gilles-Croix-de-Vie gefunden. Das Tier war über fünf Meter lang und wog ungefähr vier Tonnen, und wir mußten es auf einem Lastwagen nach La Rochelle transportieren. Wir nahmen eine Autopsie vor und konservierten das Skelett, um die Sammlungen des Zentrums zu bereichern. Aber ein ausgewachsener Schwertwal läßt sich nicht wie ein Laborfrosch sezieren. Es gibt keinen Tisch, der stabil genug wäre, und wir haben auch keinen Raum, der ausreichen würde, um an einem Tier zu arbeiten, das so groß wie zwei kleine Autos ist. Also nahmen wir Autopsie und Abdecken im Hof des Zentrums vor. Einige unserer Nachbarn erinnern sich noch an den eigenartigen Geruch, der Waltieren eigen ist, und an das Blut, das unter unserem Portal herausquoll. Wir verwenden Skalpelle in der Größe von Fleischermessern, um die wichtigsten Organe so großer Delphine zu entnehmen, und das Skelett wird mit der Säge bearbeitet, wenn es nicht konserviert werden soll. Das Fett der Meeressäugetiere hat einen sehr intensiven Geruch, der an allem haftenbleibt und den man nur schwer los wird. Deshalb tragen wir während der Operation Jacken und Hosen aus Ölzeug und natürlich Handschuhe und Gummistiefel. Unser Labor sieht dann eher wie ein Schlachthaus aus. Aber auch das gehört zur Forschung, zumindest wenn man sich nicht nur dem Betrachten von Objektträgern unter einem Mikroskop widmet oder sich damit begnügt, Delphinen und Walen in Statistiken zu begegnen. Bei dieser Art der Forschung muß man auch sehen und fühlen, um zu den gewünschten Ergebnissen zu kommen, man zögert nicht, Probleme im wahrsten Sinn des Wortes in die Hand zu nehmen.

Dennoch ist es einfacher, das Stranden von Tieren zu ertragen, als das Auftauchen des Walrosses von La Palmyre oder des Schwertwales von Saint-Gilles-Croix-de-Vie.

Lange Zeit haben wir Seehunde eingesammelt und ihnen im Meeresmuseum von La Rochelle Schutz gewährt. Cachou, das Männchen, mit dem ich 15 Jahre lang fast täglich verkehrte, und Maggie, das Weibchen, verbringen jetzt glückliche Tage in den Becken des Tiergartens von Vincennes. Wir beherbergen zwar keine Dauergäste mehr, aber wir sammeln weiterhin Tiere ein, die an unseren Küsten aufgefunden werden: Schwache, Kranke, Verletzte, und wir achten darauf, daß sie unter bestmöglichen Bedingungen in ihre natürliche Umgebung zurückkehren, gesund, gut genährt und vor allem frei von jeglicher Abhängigkeit vom Menschen. Wir haben diese Erfahrung teuer bezahlt. Vor etwa 20 Jahren retteten wir einen jungen verwaisten Seehund in jämmerlichem Zustand, ein kleines abgemagertes Weibchen, das zu schwach war, um sich selbst zu ernähren, und dessen Erkältung in eine tödliche Lungenentzündung auszuufern drohte. Innerhalb weniger Wochen war es dank entsprechender Ernährung und täglicher Pflege wieder zu Kräften gekommen und hatte auch seine Verführungskraft wiedererlangt. Junge Seehunde lassen einen dahinschmelzen. Seine großen schwarzen Augen ließen mich schwach werden, und wenn es auf mich zukam, streichelte ich sein braunes Fell einige Minuten lang. Es war so weich. Es machte Rollen, legte sich auf den

Rücken und bettelte darum, auf dem Bauch und der Brust gekrault zu werden. Es ist ein Säugetier wie wir, deshalb sind wir für seine Gesten und vor allem für seinen Charme besonders empfänglich. Wir waren keine Mannschaft von Pflegern mehr, sondern eine Bande kindischer Verliebter, die es abwechselnd mit frischen Fischen vollstopften. Nach einigen Wochen dieser Behandlung war es schön fett und stark, und schließlich fanden wir den Mut, es an der Spitze der Bretagne in die Freiheit zu entlassen. Natürlich waren wir stolz auf unsere Arbeit, aber vor allem traurig, als es sich von uns entfernte und für immer im Meer verschwand. Zumindest glaubten wir das.

Eine Woche später erhielten wir einen Anruf, den ich niemals vergessen werde. Unser Anrufer fragte uns zuerst, ob wir uns um verlorene Meerestiere kümmern. Wir bejahten dies.

»Das trifft sich gut, ich habe nämlich einen Seehund gesehen. Ich bin in der Telefonzelle von Conquet, und hier ist ein Sturm. Es bläst, es schüttet, außer mir ist hier kein Mensch, und ich weiß nicht, was ich mit dem Seehund machen soll.«

»Wo ist er denn, am Strand?«

»Nein, er ist bei mir.«

»Was heißt, bei Ihnen?«

»Hier, zu meinen Füßen in der Telefonzelle. Er hat so laut vor der Tür geschrien, daß ich ihn hereinließ. Sie kommen doch, oder?«

»Natürlich. Wie haben Sie ihn denn gefunden?«

»Also, ich bin am Strand entlanggegangen. Ich habe es gern, wenn es so stürmig ist wie heute, die Schaumkronen auf dem Meer, das Pfeifen des Windes. Um es kurz zu machen, da war der Seehund, und als er mich sah, kam er watschelnd auf mich zu.«

»Er hat sich genähert?«

»O ja. Ich schwöre, daß ich es nicht war. Er ist zu mir gekommen und nicht mehr von meiner Seite gewichen. Seit einer Viertelstunde folgt er mir überallhin. Sie holen ihn doch ab, nicht war?«

»Wir fahren sofort los.«

»Um so besser, ihr Vieh läßt mich nämlich nicht mehr in Ruhe.«

Es konnte sich nur um unser junges Weibchen handeln. Wir hatten es richtig versorgt, genährt. Wir hatten nur einen Fehler begangen, bevor wir es ins Meer entließen: Wir waren freundlich gewesen. Wir hatten die Spielregeln verletzt, indem wir seine Zärtlichkeiten angenommen, es mit unseren Händen gefüttert und zum Spaß die Zeit mit ihm verbracht hatten. Nun mußten wir den Preis für unsere Unbekümmertheit bezahlen. Wenn wir vorgehabt hätten, diesen Seehund zu domestizieren, wäre die Methode richtig gewesen. Aber wir hatten von Anfang an vorgehabt, ihn wieder freizulassen, und waren nicht konsequent gewesen. Unser Schützling hätte keinerlei Zuneigung gebraucht, ganz im Gegenteil. Wir hätten ihm ohne Gewaltanwendung helfen müssen, seine instinktive Furcht vor den Menschen zu bewahren. Eine heilsame Furcht. In unserem Fall hatte er in uns nicht nur Pfleger, sondern auch automatische Fischverteiler gesehen. Als er im Meer die ersten Probleme mit der Nahrung und dem Sturm bekam, war er ganz natürlich auf die Menschen zugegangen, damit sie ihm helfen. Glücklicherweise traf er auf seinem Weg einen netten aufgeklärten Spaziergänger, der unsere Telefonnummer kannte. Er hätte genausogut auf einen dieser hirnlosen Kerle treffen können, die man immer noch mit dem Gewehr in der Hand an unseren Küsten sieht und die auf alle Seehunde ballern. Erst kürzlich mußten wir ein Tier pflegen, dessen Haut Narben von den Kugeln eines Jagdgewehrs aufwies.

Wir haben uns also auf die Suche nach unserem Schützling gemacht, und diesmal waren wir wirklich unfreundlich, bis er genug von uns hatte, uns mißtraute, uns fürchtete und von sich aus weg wollte. Es ist wahrhaftig schwer, zu einem jungen Seehund unfreundlich zu sein. Heute tappe ich nicht mehr in die Falle, auch wenn ich es nicht verhindern kann, weich zu werden, wenn ein Tier von einer Seite auf die andere rollt, um sich zu sonnen. Seit diesem Zeitpunkt muß die ganze Mannschaft sie heimlich beobachten, ihnen den Fisch zuwerfen, ohne sich zu zeigen, sie darf nicht mehr mit ihnen sprechen, muß sie ignorieren oder verjagen, wenn das Becken betreten werden muß. Und wir entlassen sie unbeschädigt in die Freiheit.

Wir haben von unserem Schützling nichts mehr gehört, und oft ist das Schweigen ein gutes Zeichen. Wenn uns jemand einen Ring schickt, den unsere Tiere tragen, heißt das, daß sie tot sind. Einer der Seehunde, die wir gerettet, wiederhergestellt und freigelassen hatten, wurde einige Monate später von isländischen Fischern im Bauch eines großen Hais gefunden, den sie gerade gefangen hatten. Dieser junge Seehund hatte einen verdammt langen Weg zurückgelegt. Zusammen mit der Mannschaft von Océanopolis in Brest und meinem Freund Vincent Ridoux versuchen wir heute, mehr über das Wandern der Seehunde, die wir beringen, zu erfahren. Der Ring, der an einer der hinteren Schwimmhäute befestigt wird, ist beim Schwimmen kaum sichtbar. Er ermöglicht uns einfach, gestrandete oder in Fanggeräten steckende Tiere dank seiner Nummer zu identifizieren. Deshalb kleben wir auch ein farbiges, nicht sehr schönes Plastikteil auf den Kopf, um einen Seehund von weitem erkennen zu können. Seit diesem Jahr versehen wir sie auch mit einer Leuchtmarkierung, die mit Klebstoff auf den Nacken geklebt wird. Wir wissen, daß sie diese bei ihrer nächsten Häutung verlieren, so daß sie sie nicht lange belästigt. Satelliten informieren uns danach über ihre Wanderungen. Von vier Seehunden, die im Frühjahr so ausgestattet worden waren, ist einer direkt nach Irland gezogen, ein anderer ist entlang der bretonischen Küsten den Ärmelkanal hinaufgeschwommen und hat ihn dann überquert, um nach Cornouailles zu gelangen. Der dritte ist im Molène Archipel geblieben, und vom vierten haben wir nie etwas gehört, seine Markierung hörte einige Stunden nach der Freilassung auf zu senden.

Das Studium gestrandeter Tiere besteht nicht nur in anekdotischen Fortsetzungen. Dank der jahrelangen Organentnahmen an unseren Stränden sind die Schutzmaßnahmen für Delphine inzwischen wesentlich geändert worden. Und wieder begann das Abenteuer wie ein Roman, diesmal wie ein Krimi.

Eines Morgens im Herbst 1980 packte ich meine Koffer, um La Rochelle zu verlassen. Nach einem Aufenthalt in Paris fuhr ich mit dem Zug bis Calais und nahm dort ein Schiff nach England. Die Bedeutung der Studien, die mich jenseits des Ärmelkanals führten, hielt mich gefangen und ließ es nicht zu, über eine Kleinigkeit zu sehr nachzudenken. Als ich jedoch dem englischen Zoll gegenüberstand und meinen Koffer präsentierte, war die Unruhe wieder da, ich fröstelte. Wenn er mich nun bat, mein Gepäck zu öffnen? Ich hielt den Atem an und zeigte meinen Paß. Der Beamte warf ruhig einen Blick darauf und winkte mich durch. Ich ging einige Meter und atmete dann tief durch. Ich weiß nicht, was ich getan hätte, wenn er mein Gepäck inspiziert und entdeckt hätte, daß es zur Hälfte mit Fläschchen gefüllt war, die Organteile in Formalin enthielten. Er hätte mich sicher gefragt, was ich da transportiere. Und ich hätte erblassend gesagt: »Einige Dutzend Eierstöcke und Hoden von Delphinen.«

Heute muß so ein Transport vorher autorisiert werden, da es sich um Teile von Tieren handelt, die durch unzählige Abkommen streng geschützt sind. Nach dem Gesetz müßte ich nämlich jedesmal, wenn ich einem gestrandeten Tier einen Zahn entnehme, die Erlaubnis des Umweltministeriums einholen, das wiederum beim Museum nachfragt. Das dauert zwei oder drei Monate. Ende der siebziger Jahre verbot noch keine Bestimmung, Proben über die Grenze mitzunehmen, dennoch bezweifle ich, daß der Zöllner mich ohne ausgiebige Kontrolle meine Reise hätte fortsetzen lassen, wenn er gesehen hätte, was mein Gepäck enthielt. Auf jeden Fall hätte ich Himmel und Hölle in Bewegung gesetzt, um meine Fläschchen wiederzubekommen, wenn man sie konfisziert hätte. Sie waren mir lieb und teuer. Dank dieser Fortpflanzungsorgane würde ich nach einer entsprechenden Behandlung in Cambridge in der Lage sein, meine Doktorarbeit zu schreiben, falls die Studienergebnisse meine Hypothese bestätigten. Für mich waren es nicht nur Geschlechtsorgane, die in Formalin schwammen, es war das Ergebnis von zwei Jahren harter Arbeit.

Ich war im Oktober 1978 nach La Rochelle gekommen. Dr. Raymond Duguy, Konservator des Museums für Naturgeschichte, war bereit gewesen, als Forschungsleiter für mein Aufbaustudium zu fungieren. Offen gestanden, hatte ich ihn ein wenig gezwungen, weil er glaubte, für diese Rolle nicht geeignet zu sein. Ich hatte mich gefragt, wer außer ihm, der in Frankreich als einziger Erfahrung auf dem Gebiet hatte, kompetent genug sein würde, um mir beim Erstellen einer Doktorarbeit über die Biologie des gewöhnlichen Delphins im Nordatlantik zu helfen. Deshalb hatte ich an seine Tür geklopft und schließlich die richtigen Worte gefunden, um ihn zu überzeugen. Raymond Duguy hatte 1972 das Netz für gestrandete Tiere eingerichtet, und es gelang ihm, jedes Jahr etwa 100 Delphinen Proben zu entnehmen. Nach meiner Ankunft erhöhten wir die Zahl auf 250 Exemplare, da ich bereits überzeugt war, daß diese Fleißarbeit einen unschätzbaren Informationswert darstellte und man daraus, was die Kenntnis von Waltieren betrifft, entscheidende Lehren ziehen konnte. Vielleicht noch mehr. Heute beobachten wir jährlich durchschnittlich mehr als 350 Exemplare, wenn es keine besonderen Vorkommnisse gibt.

Ich trug also die wertvolle Ausbeute von zwei Jahren Autopsie nach England.

Prof. Richard Harrisson von der Universität Cambridge, einer der größten Wissenschaftler, Direktor der Zoologie, war bereit, mich in seinem Labor aufzunehmen. Dieser Mann von beeindruckender Statur mit weißem Haar, der weltweit für seine Forschungen und außerordentlichen Veröffentlichungen geachtet wird, empfing mich mit einer Freundlichkeit und Einfachheit, die ich nie vergessen werde. Bei ihm war Gastfreundschaft ein Gesetz, gleichbedeutend mit den wissenschaftlichen Regeln, die er meisterhaft beherrschte. Ich mußte unbedingt eng mit ihm zusammenarbeiten, denn wenn meine Proben irgendeinen Wert haben sollten, mußte ich die Grundlagen der Histologie verinnerlichen, d. h. lernen, Zellen zu beobachten und vor allem die Ergebnisse richtig zu interpretieren, und das konnte mir auf diesem Gebiet nur Prof. Harrisson beibringen. Um die Reproduktion von Delphinen zu erforschen, muß man zuerst das Alter der untersuchten Tiere kennen. Wir erfahren es durch ihre Zähne. Man schneidet sie in Längsrichtung in Scheibchen, um unter dem Mikroskop die Wachstumsstreifen zu zählen. Im allgemeinen entspricht jeder Streifen einem Jahr. Dr. Christina Lockyer von der *Sea Mamal Research Unit* des *British Antarctic Survey*, einem der bekanntesten europäischen Labors weltweit, hat mir die Zahntechnik beigebracht. Christina war eine der ersten, die diesen Aspekt der Arbeit beherrschte, und in lobenswerter Weise gab sie ihr Wissen bereitwillig weiter.

Harrisson stellte mir mit der gleichen Freundlichkeit zwei Assistentinnen zur Seite und beriet und informierte mich einen Monat lang täglich zur Mittagszeit, während er statt eines Mittagessens ein Bier trank. Bei seinen Mitarbeitern konnte ich zwar die Technik erlernen, aber ich brauchte seine Hilfe, um die Ergebnisse zu analysieren und sie vor allem richtig zu interpretieren. Später hat er mir sogar beigebracht, wissenschaftliche Dokumente zu redigieren, die eine bestimmte Methodik erfordern. Meine Studien begeisterten ihn nämlich wie alles, was Delphine betraf. Und meine Fläschchen waren tatsächlich der Schatz, für den ich sie hielt, da Harrisson selbst nicht über so qualifiziertes Forschungsmaterial verfügte. In Cambridge begann ich endlich zu verstehen, wie Delphine sich fortpflanzen, und konnte vor allem unwiderlegbare Beweise für meine Hypothese erbringen.

Als ich die Grenze in umgekehrter Richtung passierte, hatten sich die Hoden, Eierstöcke und Zähne in Objektträger verwandelt, die in einen Aktenkoffer paßten. Mir war in Gegenwart des Zöllners viel wohler: In meinem Koffer nahm ein echter englischer Weidenkorb, der für meinen Fahrradlenker bestimmt war, den Platz der Fläschchen ein. Er sollte mich an diese Wochen in Cambridge erinnern, wo ich, wie jeder Student, der etwas auf sich hält, auf einem englischen Fahrrad mit Weidenkorb durch die Stadt fuhr. Ich benutze ihn heute noch.

Ich veröffentlichte meine Doktorarbeit in Frankreich, und als ich meinen Doktortitel in der Tasche hatte, kehrte ich nach Cambridge zurück, um einer Einladung Harrissons zu folgen. Wir mußten unsere Arbeiten veröffentlichen. Ich war unglaublich stolz auf diesen ersten wissenschaftlichen Artikel, in dem mein Name neben dem eines bedeutenden Wissenschaftlers stand. Und er bestand absolut darauf, daß ich an einem der berühmten Essen der Kollegen teilnahm. Natürlich kam es nicht in Frage, ein Kleid zu tragen, obwohl ich mir dieses vom Essen hätte absparen müssen. Ein Doktor der Naturwissenschaft ist verpflichtet, die Robe seines Kollegen zu tragen. Die Robe, die man mir geliehen hatte, war viel zu groß und schleifte am Boden. Und was das Essen betrifft, werde ich diese Zeremonie nie vergessen: Ich glaubte, in vergangene Zeiten einzutauchen und mich am Hof Ludwigs XIV. wiederzufinden. Der Speisesaal war in einer riesigen Kapelle untergebracht, in der 200 Studenten in Uniformen an langen Tafeln auf das Erscheinen der Dozenten warteten. Wir traten im Gänsemarsch entsprechend der Rangordnung ein und nahmen auf dem Podium gegenüber dem Studentenvolk Platz. Als ich saß, stellte ich fest, daß mein Nachbar zwei Meter entfernt war, und ich fühlte mich in ein anderes Jahrhundert versetzt: Wir wiederholten das Abendmahl, die Gebete wurden auf lateinisch mit englischem Akzent gesprochen. Das Essen dauerte zwei Stunden und bestand aus acht oder zehn Gängen und drei Weinen. Ich glaubte, daß es nie zu Ende ginge, und fürchtete vor allem, daß es danach genauso steif sein würde. Aber das war es absolut nicht. Die Tradition war gewahrt worden, nun konnte man sich entspannen. Die Dozenten ließen ihre Robe und die Studenten ihre Uniform fallen. Alle stürzten zur Bar, die sich in einem phantastischen Kellergewölbe befand, um Bier zu trinken, sich auf die Schultern zu klopfen und dabei die Beatles zu hören. Ich konnte es nicht fassen, daß man einen so tiefen Graben zwischen denen, »die wissen«, und denen, »die lernen«, zog, um ihn im nächsten Augenblick wieder zuzuschütten. Denn in diesen historischen Kellern verkehren die Novizen mit den größten Spezialisten ihres Lieblingsfachs und können sie befragen, ohne abgewiesen zu werden. Sie bilden eine echte Gemeinschaft. Die englischen Eminenzen, die offensichtlich an ihren alten Riten festhalten, sind ihren Studenten viel näher als die französischen Kulturbonzen.

Die Arbeiten in England, denen mehrere Jahre der Organentnahme vorangingen und einige Monate der Analyse, der Interpretation und der Redaktion folgten, fanden ihren Abschluß im Dezember 1981 bei einem Spezialistenkongreß über die Reproduktion von Waltieren, den die internationale Walkommission in San Diego, Kalifornien, organisiert hatte. 200 Personen nahmen daran teil, darunter die größten Wissenschaftler auf dem Gebiet, insbesondere Dr. Bill Perrin, der die Veranstaltung organisiert hatte. Ich war von Bill, dessen zahlreiche Werke ich gelesen hatte, sehr beeindruckt und stellte ihn mir als großen distanzierten Bonzen vor. In Wirklichkeit sah er mit seinem wilden Bart immer noch wie ein Student aus, und er kam auf mich zu, um mit mir als Ebenbürtiger zu diskutieren. Ich konnte es nicht glauben und sagte ihm, wie überrascht ich sei. Er lachte lauthals und erklärte mir, daß er bereits zu den »Alten« zähle – er war gerade mal 40 Jahre alt – und es ihm äußerst wichtig scheine, mit jungen Leuten wie mir ohne Prinzipien und Vorurteile über Ideen, die vielleicht etwas verrückt waren, aber sicherlich viel pro-

duktiver und kreativer als jene der anderen Alten, zu diskutieren,
um in seinen erworbenen Kenntnissen nicht zu verknöchern.
Außerdem waren Sam Ridgay und Ken Norris da, die beide
dafür bekannt sind, die moderne Zetologie meisterhaft zu
beherrschen. Auch da fiel ich aus allen Wolken, als ich Dr. Ridgay vorgestellt wurde. Das war nicht der steife Herr im dunklen
Anzug mit Krawatte, den ich mir vorgestellt hatte, sondern ein
leicht ergrauter netter Mann in Jeans, Cowboystiefeln und Cow-
boyhut, wie es sich für einen richtigen Texaner gehört. Und ich
war angekündigt, mein Name stand im Programmheft! Ich war
stolz und hatte gleichzeitig panische Angst bei der Vorstellung,
auf das Podium zu steigen und dieser Menge bedeutender Leute
meine These hinzuwerfen. Denn die Schlüsse, die ich gezogen
hatte, revolutionierten die bis dahin geltenden Theorien. Die
gesamte Literatur über die Reproduktion von Delphinen ging
davon aus, daß diese Tiere mit zwei oder drei Jahren
geschlechtsreif sind. Man stellte sich vor, daß sie kopulierten
und sich fortpflanzten, sobald ihre Fortpflanzungsorgane Fortpflanzungszellen produzierten und sie physisch in der Lage
waren, Nachkommen zu haben. Man glaubte also, daß ein zwei
bis drei Jahre altes Weibchen befruchtet werden und jedes Jahr
ein Junges gebären konnte. Da Delphine durchschnittlich 30
Jahre alt werden, stellte man sich vor, daß ein Weibchen im Laufe seines Lebens mehr als 20 Junge zeugen kann. Nachdem ich
Unmengen Eierstöcke und die Narben von den Eisprüngen
untersucht hatte, war ich sicher, daß wir auf dem falschen Weg
waren. Schon bevor ich zu Harrisson kam, hatte auch er
geglaubt, daß die Theorie falsch sei, ohne es jedoch beweisen zu
können. Die Proben und die Zähne, die ich gesammelt hatte,
machten mir dies möglich. Leider hatte Harrisson nicht nach
San Diego kommen können, um mich zu unterstützen. Ich
stand meinen Berufskollegen allein gegenüber.

Ich bin also zitternd auf das Podium gestiegen, um anhand
von Beweisen zu erklären, daß die Weibchen erst mit acht oder

zehn Jahren und die Männchen mit zehn oder fünfzehn Jahren wirklich alt genug sind, um sich fortzupflanzen, auch wenn Delphine schon in sehr jungem Alter Fortpflanzungszellen produzieren. Und daß Delphine nicht jedes Jahr Junge haben, sondern bestenfalls alle drei bis vier Jahre, und daß es deshalb illusorisch sei zu glauben, daß ein Weibchen 25 Junge haben könne. Sie bekommt im Laufe ihres Lebens höchstens vier oder fünf lebensfähige Junge, da sie, wie die Menschen und einige andere entwikkelte Säugetiere, auch eine Menopause hat. Die erste Reproduktion findet trotz einer relativ frühen Geschlechtsreife so spät statt, da sie warten müssen, bis sie innerhalb einer sehr hierarchisch aufgebauten Gruppe eine gesellschaftliche Reife erlangt haben. Nehmen wir ein Beispiel, das wir alle gut kennen müßten: Der Mensch produziert auch mit zwölf oder dreizehn Jahren Fortpflanzungszellen, aber er hat selten Kinder, bevor er 20 Jahre alt ist, selbst wenn er in jungen Jahren sexuell aktiv ist. Abgesehen von sozialen Tabus ist es auch physiologisch nicht möglich. Spermien und Eizellen sind vorhanden, aber eine Befruchtung findet nur selten statt. Dieses Phänomen ist bei Delphinen ganz ähnlich. Man sieht Jungtiere beim Liebesspiel, sogar ziemlich häufig, aber es findet keine Befruchtung statt. Die Konsequenzen dieser Klarstellung sind sehr weitreichend, da dies bedeutet, daß Delphinpopulationen nicht so schnell wachsen, wie wir glaubten, sondern im Gegenteil sehr langsam.

Die Auswirkungen dieser Demonstration sind enorm, besonders im Hinblick auf den Artenschutz. Wenn man davon ausgeht, daß in einer Population von 100 Delphinen 50 Weibchen sind, die jedes Jahr ein Junges zeugen können, schließt man daraus, daß die Gruppe nicht in Gefahr ist, selbst wenn jedes Jahr etwa 15 Tiere durch Unfälle getötet werden. Wenn man aber weiß, daß bestenfalls 30 gebärfähige Weibchen darunter sind, die durchschnittlich etwa zehn lebensfähige Junge im Jahr hervorbringen, während 15 Mitglieder im gleichen Zeitraum sterben, wird diese Delphingruppe schnell verschwunden sein.

Nachdem ich meine These in den Raum geworfen hatte, so wie man sich eines zu schweren Gewichts entledigt, und schnell eine Reihe mittelmäßiger Dias gezeigt hatte, ging ich zu meinem Platz zurück, auf das Schlimmste gefaßt. Ich erwartete Buhrufe, Spötteleien, womöglich das Werfen von Eiern. Es kam aber nur Beifall, den ich jedoch nicht wahrnahm, weil ich zu angespannt war, mit geballten Fäusten und verkrampftem Magen. Wer war ich denn, daß ich mir erlaubte, diesen hohen Tieren zu widersprechen? Ich hatte vorher noch nichts Großes geleistet. Ich ging auf meinen Platz, zog den Kopf ein und setzte ein Lächeln auf. Erst nach einigen Minuten konnte ich dem nächsten Vortrag folgen und bemerkte, daß die junge Frau, die nach mir an der Reihe war, erklärte, daß sie zu ähnlichen Schlußfolgerungen gekommen sei, jedoch aufgrund einer völlig anderen Methodik. Ich war nicht mehr allein. Sie bestätigte meine Interpretation.

Letztendlich war die Aufnahme durch den Kongreß hervorragend, einfach, natürlich. Man mußte die Uhr eben wieder zurückstellen.

An diesem Tag habe ich sicher eine entscheidende Information übermittelt, aber ich habe auch gelernt, daß es auf dem Gebiet wissenschaftlicher Entdeckungen keine Knüller gibt. Alle arbeiten mehr oder weniger im gleichen Rhythmus, alle kommen täglich ein wenig voran. Die Ergebnisse kommen ein wenig früher oder später. Heute denkt Michel Milinkovich, ein ehemaliger Praktikant des Forschungszentrums mit einer Passion für Genetik, daß die großen Pottwale, die Zähne haben und deswegen immer zu den Delphinen gezählt worden sind, vielleicht mehr Gemeinsamkeiten mit den Bartenwalen haben. Er und seine Mitarbeiter haben bewiesen, daß es eine »Pottwal-Wal«-Gruppe gibt, die angeblich gemeinsame Vorfahren hat, während die Zahnwale bereits anderer Herkunft sein sollen. Damit wird die Entwicklung der Waltiere grundlegend in Frage gestellt. Natürlich muß seine Hypothese noch bestätigt werden.

Und wenn diese hoffentlich eines Tages kommt, wird sich die Veröffentlichung seiner Ergebnisse in der Presse wie ein Knüller ausnehmen. Aber dies gilt nicht für die Welt der Wissenschaft.

Manchmal sagt man mir: »Die Forschungen sind langsam, kompliziert, mühsam, manchmal enttäuschend, Ihnen fehlen die Mittel. Die Beobachtung vor Ort ist auch nicht gerade einfach, es ist weit, vielleicht gefährlich, Sie kennen nie den Ausgang einer Mission. Und der Artenschutz schreitet nur langsam voran. Da sind Umweltverschmutzung, Überfischung, eine Mentalität, die sich nicht schnell genug ändert, die Gesetze des Marktes, die bremsen. Wie schaffen Sie es, nicht die Segel zu streichen? Woher nehmen Sie die Kraft, um weiterzumachen?« Solche Überlegungen, solche Fragen höre ich oft. Es kommt tatsächlich vor, daß ich den Mut verliere, aber nie für lange Zeit, weil das Vertrauen schnell wieder da ist. Erinnerungen, Bilder tauchen auf. Es sind Erinnerungen und Bilder voll Hoffnung und Licht. Und ich weiß, daß es noch nicht vorbei ist, daß das Leben morgen neue Erfahrungen bereithält, die ihrerseits zu Erinnerungen und Bildern werden. Aber nur, wenn ich nicht die Segel streiche, nur wenn ich beharrlich nach neuen Geschichten, einem Wink des Schicksals suche. An manchen Tagen, Stunden, manchmal nur Sekunden, schlägt das Herz bei kleinen Dingen schneller als sonst; in seltenen Momenten sind es echte, tiefe Veränderungen. Es sind Momente der Tränen, des Zorns und Momente des Lachens, des Übermuts, des Lächelns. Mich treibt das Leben um mich herum an, das ich beobachte, an dem ich teilnehme, und mein Treibstoff sind Neugierde, Aufregung, Erstaunen, Bewunderung, Begeisterung.

Und ich sage mir, daß ich wirklich Glück habe, diesen Beruf gewählt zu haben.

11.

Geschöpfe des Himmels

Er mißt nicht ganz drei Meter und wiegt mehr als eine Tonne. Er planscht in der Nähe des Ufers, traut sich aber nicht, eine Schwimmflosse auf den Strand zu setzen. Ab und zu wagt er es, seinen Rüssel in die Luft zu strecken und zu brüllen, aber das ist schon alles. Es ist ein Männchen, ein etwa zehnjähriges Jungtier, das darauf wartet, daß ein Weibchen auf die Idee kommt, ein Bad zu nehmen. Dann würde er versuchen, sie auf die Schnelle zu verführen, denn der Herrscher des Reviers, der Boss, der Macho, der auf dem Strand ruht und mindestens das Dreifache auf die Waage bringt und fast fünf Meter mißt, ist höllisch wachsam. Natürlich würde er seinen Harem nicht teilen. Seit drei Jahren versucht das Jungtier nun schon, seine Libido zu befriedigen, umsonst. Wenn er es dieses Jahr wieder nicht schafft, sich heimlich im Wasser ein Weibchen zu nehmen, ohne daß es der Bulle merkt, wird er lange warten müssen. Sehr lange, noch 12 oder 15 Jahre, bis er seinerseits ein Macho ist und den Chef des Harems herausfordern kann. Das ist das harte Gesetz der See-Elefanten: Ein Bulle hat praktisch keine Chance, seine Potenz unter Beweis zu stellen, bevor er 25 Jahre alt ist. Und kaum hat er dieses Privileg errungen, wird es ihm schon streitig gemacht. Aber er wird es aufs äußerste verteidigen. Man wartet nicht ein Vierteljahrhundert, um sich paaren zu dürfen, und läßt sich dann seinen Platz bei der erstbesten Gelegenheit wegnehmen.

Am Anfang des südlichen Sommers des Jahres 1990, als ich zum ersten Mal meinen Fuß auf eine subantarktische Insel setzte, kamen die großen Bullen gerade an den Stränden an, um überall um die besten Reviere zu kämpfen. Es waren furchterre-

gende Kämpfe. Nicht umsonst hat man sie »Stiere« getauft. Sie
werfen sich aufeinander, recken den aufgeblasenen Rüssel in die
Luft, zeigen die Zähne, und sie beißen, grunzen, reißen sich auf
und stoßen sich, brüllen, schneiden sich, ergreifen die Flucht
oder triumphieren laut rülpsend. Und weil ihnen so heiß ist, lassen sie sich fallen und wühlen den Boden unter sich auf, um sich
mit Sand zu bewerfen. Die Besiegten trollen sich, um andere
Bestien, die vielleicht nicht so gut in Form sind, herauszufor-
dern. Die Plätze sind teuer, aber etwas später, wenn die Damen
kommen, ist alles aufgeteilt. Die weiblichen See-Elefanten
sehen neben den Bullen wie Zwerge aus, obwohl sie rund und
fett sind und in den nächsten 24 Stunden niederkommen werden. Die Geschlechtsspezifik ist bei dem größten aller Seehunde
beeindruckend: Ein Weibchen wiegt kaum mehr als 150 Kilogramm, während ein Männchen auf bis zu vier Tonnen kommt.
Wenn die Stunde der Paarung naht, sehen die »Umarmungen«
wie das Vorbeirollen einer Dampfwalze aus.

Nur wenige Tage nach der Geburt eines kohlrabenschwarzen
Jungen sind die Mütter schon wieder bereit, die Verehrungen
ihrer Gebieter zu empfangen. Dann schnüffeln die Machos
genüßlich die Düfte der Brunst, kämpfen wieder mit ihren Riva-
len, über und über mit Narben und häßlichen offenen Wunden
bedeckt, worauf sie auf ihre Verlobten zuwatscheln und ihren
langen rosa Penis, der normalerweise versteckt ist, um sie nicht
beim Schwimmen zu bremsen, zeigen. Denn man darf nicht
vergessen, daß diese fetten, scheinbar ungeschickten, plumpen,
unbehaarten Massen im Meer hervorragende Jäger sind, die
1 000 Meter tief tauchen können, um die Fische und Kalamares
zu fangen, von denen sie sich ernähren. Aber auf dem Strand
oder den Kieseln sieht man tatsächlich oft ästhetischere, anmu-
tigere Tiere. Und der Bulle ist auch nicht zärtlich. Da das Weibchen nicht sehr geneigt scheint, unter diesem Kraftprotz
erdrückt zu werden, muß er sie festhalten, seine Zähne in ihren
Hals schlagen, um sie zu immobilisieren und dann zig Anläufe

nehmen, um ans Ziel zu kommen. Es kommt vor, daß Jungtiere, die im Gefecht zwischen Eltern und Kiesel geraten, erdrückt werden, ohne daß es jemanden kümmert.

Ich hätte mich nicht zwischen sie gewagt, so wie ich es im folgenden Jahr an den Stränden Argentiniens bei den Ohrenrobben tat, obwohl diese auch lebhaft und manchmal sehr aggressiv sind. Eines der jungen Weibchen hatte ein Halseisen. Sicherlich hatte sie Fisch aus einem Netz stibitzen wollen, und es war ihr zwar gelungen, sich aus der Falle zu befreien, indem sie das Netz zerriß, aber ein Stück Nylon war noch um ihren Hals geschlungen. Wenn wir sie nicht gefangen und die Schnur zerrissen hätten, wäre ihr Hals eines Tages eingeschnürt gewesen, und sie wäre verhungert und erstickt. Aber es war viel einfacher, sich diese Rettung vorzustellen, als sie auszuführen. Schon ihre Gefangennahme war homerisch. Wir mußten verhindern, daß sie das Meer erreicht. Wenn sie getaucht wäre, hätten wir sie verloren. Aber dieses kleine Spiel machte ihr keinen Spaß. Sie schrie in panischer Angst, zeigte denen, die ihr den Weg versperrten, die Zähne, und vor allem entglitt sie uns jedesmal wie ein Stück Seife, wenn einer von uns sie gerade packen wollte. Wir umringten sie zu sechst und jagten ihr nach. Während wir uns auf den Kieseln die Knöchel verstauchten, glitt die Ohrenrobbe auf ihrem Bauch schnell dahin. Schließlich gelang es einem von uns, ein Zeltdach auf sie zu werfen, und wir nutzten ihre Überraschung, um sie zu überwältigen, die Schnur zu zertrennen und uns zu entfernen, bevor sie beißen konnte. Es ist ratsam, das Gebiß einer Ohrenrobbe zu meiden, da es so kräftig wie das eines Dobermanns ist. Unsere Verfolgung hatte immerhin mehr als drei Stunden gedauert. Aber sie war frei. Wenn einer der weiblichen See-Elefanten das Opfer eines ähnlichen Unglücks gewesen wäre, hätten wir leider nichts tun können. Wir hätten sie inmitten der brünstigen Männchen ihrem Schicksal überlassen müssen.

Ich war nicht in den Süden aufgebrochen, um solche gewaltigen Zeremonien zu erleben, aber das Kopulationsspektakel dieser Geschöpfe machte mich jedesmal sprachlos. Man muß sich vorsehen, in Windrichtung der Herden zu bleiben, die sich wochenlang am gleichen Ort versammeln, denn bei den Düften, die der Wind herweht, hebt sich der standhafteste Magen. Außer den Jungen, die niedlich wie alle Seehunde sind, ist eine Kolonie See-Elefanten die schlimmste Gesellschaft, die man sich vorstellen kann: Aufgestoßenes, Exkremente, Rotz, Haarknäuel und Blähungen von morgens bis abends. Man zieht es schnell vor, sie mit dem Fernglas aus der Distanz zu beobachten.

Meine Aufenthalte in der Antarktis Anfang der 90er Jahre hatten nicht die lüsternen Bullen zum Ziel, sondern einen Traum, den viele Seeleute teilen. Jene, die im Winter, wenn die Stürme über den Golf von Biskaya toben, ihre Zeit mit Büchern über das Meer verbringen, bevor sie wieder die Brücke eines Seglers betreten. Ich hatte die Geschichten von Vitos Dumas, von Joshua Slocum und von Moitessier verschlungen, ich war in die Erzählungen von Patrick Van God eingetaucht, bevor er im Meer verschwunden ist. Ich wollte die Wellen des Südens, die Küsten des weißen Kontinents sehen. Ich wollte die Meerenge vom Estrecho de Le Maire, Staten Island, die Kanäle Patagoniens, das Horn und jenseits des Horns die Halbinsel Drake sehen. Ich wollte eine üppige, freie, noch ungestörte Fauna erleben. Ich hoffte, die Route der Furchenwale zu kreuzen, besonders jene des berühmtesten unter ihnen, des phantastischsten Tieres, das unser Planet je beherbergt hat, des längsten, größten, schwersten, des mächtigsten und friedlichsten. Ich wollte ein Treffen mit *Balaenoptera musculus*, dem Blauwal oder Riesenwal.

Wir, eine Mannschaft aus Wissenschaftlern verschiedener Fachgebiete, waren eingeladen, während des südlichen Sommers auf einem kleinen Passagierschiff, das von passionierten Amateurgruppen geheuert wurde, an Expeditionen teilzunehmen. Sie waren Pioniere eines Reiseziels, das heute touristisch erschlossen ist. Wir Wissenschaftler konnten unsere Beobachtungen machen und dabei den Reisenden etwas Zeit widmen. Wir hielten Konferenzen an Bord ab und begleiteten sie, wenn sie ihren Fuß auf diese besonders geschützten Küsten setzten. Glücklicherweise hatte unser Schiff nichts mit den modernen Kreuzfahrtschiffen gemein, es sah eher wie ein schwimmender Orientexpress aus, mit wertvollen Hölzern und Messing im Überfluß. In den Kabinen gab es keine Fernseher. Man konnte sich kein besseres »Fortbewegungsmittel« erträumen, um an einen der schönsten, wildesten Orte dieses Planeten zu gelangen. Für mich ist er der erhebendste.

Unseren ersten Wal sahen wir in der Drakestraße. Wir hatten Ushuaia am Vorabend verlassen und das Kap Horn sechs Stunden vorher umrundet. Es war ein Furchenwal, aber wegen des starken Seegangs konnte ich die Art nicht genau bestimmen. Ich war aber sicher, daß dieser Wal den Schlaf der Gerechten schlief. Madame hielt in einem der gefährlichsten Meere der Welt Siesta. Ich frage mich immer noch, wie ihr das gelungen ist. Überhaupt gibt der Schlaf der großen Waltiere immer noch Rätsel auf. Wir wissen nur eines mit Bestimmtheit: Das Gehirn der Furchenwale kann nicht vollständig »einschlafen«, da ihre Atmung bewußt erfolgt. Wenn sie sich den Armen Morpheus' hingäben, würden sie ersticken, weil sie zu atmen vergessen haben. Dennoch schlafen sie tief. Unser Passagierschiff näherte sich, aber der Furchenwal rührte sich nicht; wir hätten ihn mit dem Steven anstupsen können, wenn unser Kapitän es nicht vorgezogen hätte, in entsprechender Entfernung zu bleiben, um ihn nicht versehentlich zu verletzen. Es gibt zahlreiche Erzählungen von eingeschlafenen Walen, die von riesigen Frachtschiffen gerammt wurden. Schiffe, die sie natürlich gehört hätten und denen sie ausgewichen wären, wären sie wach gewesen. Diese Unfälle sind für Waltiere fatal. Aber wenn das Schiff leichter ist, besonders ein Segler für Regatten, trägt das Schiff die Konsequenzen der Kollision. Der Rumpf bricht auseinander, und das Schiff sinkt nach dem Zusammenstoß schnell. Sicherlich ist auf diese Weise auch Patrick van God im Meer umgekommen. Walfänger haben häufig die Folgen eines harten Zusammentreffens mit einem Schiff bemerkt, wenn sie die gefangenen Tiere zerlegten, und zwar anhand geheilter Brüche der Rippen oder Wirbel.

Die kleinen Arten, besonders Delphine, kennen diese Art Mißgeschick nicht. Geschichten, in denen Delphine von Schrauben verletzt oder getötet wurden, sind Legenden. Ich habe Tausende von Autopsien an Tieren mit Schnittspuren vorgenommen, die an den französischen Küsten gestrandet sind, aber ich konnte ihren Tod nur einmal auf so einen Unfall zurückführen. Statt dessen werden die Kadaver oft gegen die Felsen getrieben, welche die Haut aufreißen. Delphine sind wendig genug und wissen über ihre Umgebung so gut Bescheid, daß sie Bootsschrauben aus dem Weg gehen, selbst wenn sie schlafen. Dies trifft um so mehr zu, als sie in Herden wandern und ein Mitglied der Herde ein herannahendes Motorboot hören oder sehen würde. Dennoch schlafen Zahnwale nicht so tief wie die großen Wale. Elektroenzephalogramme an gefangenen Tümmlern an mehreren aufeinanderfolgenden Tagen haben gezeigt, daß die Zeiten völliger Ruhe dem entsprechen, was wir den leichten Schlaf nennen. Delphine kennen angeblich weder den tiefen Schlaf noch den REM-Schlaf der Träume. Während dieses leichten Schlafes wird der Muskeltonus aufrechterhalten und gestattet noch eine bewußte, wenn auch eingeschränkte Aktivität, um z. B. zum Atmen an die Oberfläche zu steigen. Die Tiere haben dann die Lider geschlossen. Sie scheinen regungslos, aber wenn man sie genau betrachtet, erkennt man leichte Schwanzbewegungen, durch die sie sich einige Meter unter der Oberfläche halten, um von Zeit zu Zeit zum Atmen hochzusteigen. Atem- und Herzrhythmen sind dann verlangsamt, aber das Gehirn bleibt wachsam. Es könnte

übrigens sein, daß nur eine Hirnhälfte wach ist, während die
andere »döst«. Wir werden noch lange Zeit forschen müssen,
um Gewißheit darüber zu erlangen. Aber nur was Delphine
betrifft, denn glücklicherweise ist man noch nicht in der Lage,
einen Blauwal in Gefangenschaft zu halten. Das größte jemals
gefangene Exemplar maß fast 34 Meter und wog mehr als 150
Tonnen. Es hätte knapp in ein olympisches Schwimmbecken
gepaßt, wenn man den Boden ausgehoben hätte. Ihre Statur hat
es ihnen ermöglicht, den Walfängern zu entkommen, bis der
Norweger Sven Foyn 1867 den Harpunenwerfer erfand. Ab diesem Zeitpunkt waren Blauwale die Lieblingsbeute der Jäger. Die
größten Exemplare brachten jeweils 30 Tonnen Öl ein. Zwischen den beiden Kriegen wurden jährlich bis zu 30 000 Tiere
getötet, und wir wissen bis heute nicht, ob sich die Spezies von
diesem Massaker erholen wird. Die Wiederherstellung der
Bestände ist so delikat, daß ein ökologischer Unfall durchaus ihr
Verschwinden hervorrufen könnte.

Die antarktische Halbinsel besteht aus einem Streifen Erde,
der etwa 1 000 Meter lang ist und nach Südamerika zeigt. Ein
kalter Strom zirkuliert in Uhrzeigerrichtung um den Kontinent.
Wenn er auf die Halbinsel auftrifft, kehrt er um und macht eine
Schleife. In diesem Gebiet sind die Gewässer sehr fruchtbar,
weshalb zahlreiche Arten hierherkommen: Schwertwale, die
zwischen den Eisbergen auf der Suche nach Seehunden oder
Pinguinen sind, einige andere Delphinarten, Pottwale, Bartenwale, Buckelwale, Finnwale. Und Blauwale. Letztere betreten
die Bucht nicht. Sie ziehen das offene Meer vor, und ich hoffte
auf eine Gelegenheit, diese Kolosse beobachten zu können, die
– wie alle Bartenwale – auf Wanderschaft gehen. Ich hatte die
berechtigte Hoffnung, die Route der Weibchen und deren Jungen bei ihrer Rückkehr in die kalten Gewässer, in denen sie viel
Nahrung finden, zu kreuzen. Aber vorher wollten wir noch ein
Bad nehmen.

Etwa 100 Kilometer von der Spitze der Halbinsel entfernt,

bildet Deception Island, die südlichste der Süd-Shetland-Inseln, auf den Seekarten einen Halbmond. Es handelt sich um einen Vulkan, dessen Krater eingesackt ist. Man dringt in die Bucht, eine Art Binnenmeer, umgeben von schwarzen Bergen mit kohlenstaubbedeckten Gletschern, durch eine äußerst beeindruckende Öffnung von etwa 50 Metern ein. Die unglaublichen Winde, die sich dort manchmal fangen oder vertikal von den Klippen fallen, haben Walfänger inspiriert. Sie gaben dieser natürlichen Schleuse den Namen »Neptuns Atem«. Wenn man in diesen Trichter mit einem 80 Meter langen Schiff einfährt, läuft einem ein Schauer den Rücken hinunter. Aber dies ist der einzige Ort in der Antarktis, an dem man ins Wasser springen oder zumindest planschen kann.

Entlang der Strände heizen 80 Grad heiße Quellen das Meer auf einer Breite von etwa 1,50 Meter auf. Bei eisigem Wind muß man sich sehr schnell ausziehen und zum richtigen Ort stürzen. Außerhalb der heißen Zone hat das Wasser nur 4 Grad. Man kann sich leicht die Schultern verbrennen oder die Zehen erfrieren. Diese Quellen waren aber nicht die einzige Überraschung, die Deception für mich bereithielt. Zuerst besuchte uns ein Seeleopard, ein seltsames Tier, das aus einer Kreuzung zwischen Seehund und Schlange hervorgegangen zu sein scheint. Er hat kalte Augen, und sein Kopf wird in der Mitte von einem riesigen Maul, gespickt mit spitzen Zähnen und beeindruckenden Fangzähnen, die ihm ein reptilartiges Lächeln geben, geteilt. Er benutzt seine kräftigen Zähne, um unter Wasser Pinguine zu fangen, denen er dann das Fell abzieht, indem er sie gegen das Eis schlägt, bevor er sie hinunterschlingt. Zusammen mit dem Schwertwal ist er der gefürchtetste Räuber der Seehunde. Der Seeleopard, der uns besuchte, war ganz friedlich, kaum neugierig und offensichtlich satt. Nachdem er uns mehrere Minuten lang beäugt hatte, tauchte er in die Gewässer der Walfängerbucht ein und verschwand. Etwas später besuchte ich eine etwa 150 Kilogramm schwere, weibliche Ohrenrobbe, die faul am

Strand lag. Um sie nicht zu verjagen, darf man nicht größer als sie sein. Man muß sich flach auf den Bauch legen und sich unendlich vorsichtig kriechend nähern. Zuerst schien die Ohrenrobbe einverstanden zu sein. Sie blieb sitzen, kratzte sich mit ihrer langen hinteren Schwimmhaut hinterm Ohr, drehte mir ab und zu den Kopf zu und brummte ohne Feindseligkeit. Ich kroch etwa 20 Minuten lang, bis ich zehn Meter von dem Tier entfernt war, ihrem äußersten Sicherheitsradius. Natürlich wird dieser äußerlich nicht definiert. Ich wußte, daß sie ihr Verhalten ändern würde, wenn ich ihn erreichte, und es war für mich die einzige Möglichkeit zu erfahren, wann ich eine unsichtbare Grenze überschritt. Nach einem letzten Brüllen, das mich aufhorchen ließ, stürzte die Ohrenrobbe plötzlich auf mich zu. Man glaubt, daß sie wegen ihres Fettmantels, ihres dicken Bauches und ihrer langen Schwimmflossen schwer und plump sei, aber wenn sie angreift, kann sie es mit einem Menschen in vollem Lauf aufnehmen. Ich konnte mich gerade noch aufrichten, umdrehen und so schnell wie möglich die Flucht ergreifen, wobei ich betete, nicht zu stolpern. Der Biß eines Seehundes ist nicht nur schmerzhaft, er kann auch folgenreich sein, da sich die Wunde sehr leicht infiziert. Glücklicherweise bin ich auf den Kieseln nicht ausgerutscht, und die Ohrenrobbe verfolgte mich nur gute zehn Meter weit, bevor sie umkehrte und wieder die anmutige Haltung eines Kartoffelsacks auf dem Sand einnahm.

Die dritte Überraschung auf Deception machte mir sehr viel mehr angst als der Angriff der jähzornigen Ohrenrobbe. Eine halbe Stunde lang glaubte ich, einen unserer Passagiere verloren zu haben, eine etwa 35jährige Amerikanerin, eine recht hübsche Frau mit äußerst seltsamem Verhalten. Sie war sehr groß, schlank, mit langen blonden Haaren, die sie wie eine Erstkommunikantin trug. Sie hätte elegant sein können, wenn sie sich nicht wie ein elfjähriges Mädchen angezogen hätte. Sie trug Röckchen mit Volants und Blusen mit rundem Kragen. Wir mußten ihr erst drohen, damit sie einwilligte, ihre Pumps gegen Fellstiefel zu tauschen, bevor sie in den Zodiac stieg. All das wäre originell und harmlos gewesen, wenn sie nicht so beunruhigende Dinge gesagt hätte. »Ich habe nur einen Traum«, sagte sie jedem, der es hören wollte, »ich möchte mich in der Antarktis verlieren«. Keine Frage, daß ich ständig ein Auge auf sie warf, vor allem, weil sie bei jedem Ausflug einen großen Rucksack bei sich trug. Ich stellte mir vor, daß sie darin einen Schlafsack, Lebensmittel und vielleicht Bücher aufbewahrte. Glücklicherweise waren alle unsere Begleiter mit roten Parkas ausgestattet, so daß wir sie auf dem Schnee leicht ausmachen konnten. Es genügte, ab und zu seine Schäfchen zu zählen. Meistens begleiteten mich sieben Personen. Jede halbe Stunde zählte ich. An diesem Tag merkte ich nach dem Angriff der Ohrenrobbe, als ich meine Herde inspizierte, daß jemand fehlte. Meine Amerikanerin war verschwunden. Ich fühlte, wie sich mein Magen zusammenkrampfte. Die Antarktis ist zwar ein geschütztes Heiligtum, aber für den, der sich dort verirrt, hält sie auch alle Gefahren bereit. Es ist kaum vorstellbar, daß ein gesunder Mensch dort ohne entsprechendes Material mehrere Stunden überleben kann. Ich machte mich auf die Suche nach meiner Amerikanerin und fand sie glücklicherweise einige Minuten später abseits hinter einer alten Walfängerhütte Port Fosters sitzen. Sie war nur in ihre Gedanken verloren gewesen und hatte nicht gehört, daß ich ihren Namen rief. Als ich noch einmal wiederholte, daß sie sich nicht entfernen dürfe, ohne Bescheid zu sagen, bemerkte ich, daß ihr großer Rucksack, den sie in der Nähe abgestellt hatte, offen war. Ich nutzte den Augenblick, als sie sich nach ihrem Fotoapparat bückte, um einen Blick in diesen Rucksack, der mich schon seit Tagen beschäftigte, zu werfen. Keine Lebensmittel, kein Schlafsack, kein Buch, aber ein riesiger Bär aus Plüsch. Nichts anderes. Später hat mir ein Zimmermädchen auf dem Schiff erzählt, daß unser amerikanischer Passagier ein Dutzend dieser großen Plüschtiere besaß: Bären,

Löwen, Panther, Pinguine, die sie wahrscheinlich abwechselnd mitnahm. Jedesmal wenn ich an sie denke, sage ich mir, daß sie keinen Spaß gemacht hatte. Während dieses Aufenthalts schlich sie sich nicht weg. Ich paßte so gut auf sie auf, daß es nicht möglich gewesen wäre. Aber ich könnte mir vorstellen, daß sie im nächsten Jahr vielleicht das gleiche Passagierschiff genommen hat, ohne etwas von ihren Absichten zu erzählen. Vielleicht ist sie eines Morgens auf Deception oder auf King George Island oder auf Petermann ausgestiegen. Vielleicht hat sie ihren Traum verwirklicht.

Als wir Deception zwei Tage später verließen, erwiesen uns Blauwale die Ehre, unsere Route zu kreuzen. Ein anderes Boot, ein argentinisches Militärschiff, sichtete sie etwa 20 Kilometer von der Insel entfernt und informierte uns über Funk. Wir nahmen Kurs auf sie und sahen sie kurz vor Mittag. Wir hätten sie nicht verfehlen können. Es waren drei Tiere, darunter ein Junges. Das Größte muß etwas mehr als 30 Meter lang gewesen sein. Wahrscheinlich hatte die Gruppe gerade die Drakestraße diagonal durchquert und folgte einer südwestlichen Route in Richtung Pazifik.

Wir ließen ein Schlauchboot zu Wasser und fuhren zu viert los, um ihnen zu begegnen. Ich hatte keinerlei bestimmten Auftrag zu erfüllen, und ich weiß noch, daß ich mich diesen Tieren mit klopfendem Herzen näherte, als sei ich zum ersten Mal in meinem Leben im Begriff, mit Waltieren Kontakt aufzunehmen. Wahrscheinlich, weil ich bei Blauwalen – wie bei Delphinen – immer zu träumen beginne. Ich wollte sie nur sehen, sie blasen hören, als bräuchte ich einen Beweis ihres Daseins.

Diese drei Furchenwale waren wunderbar kraftvoll und friedlich. Sie schwammen ohne Eile, und ihr Rücken schien unendlich zu sein. Ein graublau geschecktes Kleid, das in der Sonne leuchtete. Sie verdanken ihren Namen dieser Farbe. Die kleine, etwa 30 Zentimeter lange Rückenflosse markiert das hintere Drittel des Tieres, und ihre dreieckige Form erleichtert es, die

Spezies zu identifizieren. Die Brustflossen sind relativ kurz; die Schwanzflosse erscheint nur, wenn der Furchenwal lotet, dann zeigt sie ihre sieben Meter Spannweite.

Alle Wale sind dafür geschaffen, den Geist des Menschen zu verwirren, aber der Blauwal weckt in uns ein Gefühl der Demut. Man muß ihn nur ansehen, wie er bläst, wie sich diese riesige Dampfwolke bildet, die mehr als zehn Meter emporsteigt. Er ist die Inkarnation des biblischen Leviathans, der die Tiefsee zum Kochen bringt, der Jonas verschlang und dann wieder ausspuckte. Er ist ein lebender Mythos. Wenn er auftaucht, muß man – obwohl man ihn liebt und sich ihm nahe fühlt – die Vernunft walten lassen, um sich einzugestehen, daß man vor sich die Mutation des kleinen wolfartigen Säugetiers hat, das vor 50 Millionen Jahren in den Sümpfen sein Unwesen trieb. Er besitzt immer noch Lungen, an die sich seine Atmung angepaßt hat: Alle Knochen des Kopfes, der so lang wie eine Festtafel ist, haben sich dergestalt verändert, daß ein Kanal den Schädel von einem Ende zum anderen durchquert. Der Kehlkopf wurde modifiziert, damit die Atmungs- und Verdauungswege nicht mehr kommunizieren. So kann er zwar nicht mehr mit der Schnauze atmen, aber zumindest verschluckt er sich nicht. Dieser Koloß ist immer noch ein Warmblüter, obwohl ihm sein Hauptgericht in eiskalten Gewässern serviert wird. Dieses Handicap macht er durch physiologische »Tricks« wett. Da sind zuerst einmal die riesigen Ausmaße: Der Wal hat durch das riesenhafte Wachstum den idealen Kompromiß gefunden, um in der Nähe der Pole zu überleben. Der Gigantismus der polaren Waltiere dient nämlich auf komplexer Stoffwechselebene dazu, den Wärmeverlust zu verlangsamen. Wale sind Warmblüter, wie alle Säugetiere, und müssen in einer ziemlich kalten Umgebung – die Temperatur der antarktischen Gewässer kann bis auf – 1,7 Grad sinken – die Körpertemperatur konstant halten. Deshalb haben sie auch einen Fettmantel entwickelt, der bis zu 50 Zentimeter dick werden kann. In den Körperteilen, die keinen Fettschutzmantel

haben, wie beispielsweise die Schwanzflosse, findet ein Wärme-
austausch mittels Gegenstrom statt. Die Venen umschließen die
Arterien, damit das Blut, das zum Herzen steigt, die Wärme
aufnimmt, die von dort kommt. Ein hervorragendes thermi-
sches Regulativ. Der Wal ist definitiv eine physiologische
Absurdität, die dennoch perfekt ist. Ein Tier der Gegensätze.

Eines seiner erstaunlichsten Charakteristika ist dieses riesige,
sechs Meter große Maul, das mit Barten, am Gaumen befestigten hornigen Streifen, bestückt ist, die es ihm ermöglichen, das
Meer zu filtern, seine Beute zurückzubehalten und das Wasser
wieder auszuspucken. Was Furchenwale jedoch von anderen
Walen unterscheidet, ist die Reihe länglicher Kehlfurchen. Der
Blauwal besitzt etwa 40 dieser Furchen, die sich vom Kinn bis
hinter die Achse der Brustflossen ziehen. Sie funktionieren wie
der Blasebalg eines Akkordeons, indem sie das Volumen des
Mauls vergrößern. Wenn der Furchenwal Nahrung aufnimmt,
bilden die Kehlfurchen einen riesigen Kropf, der an die Schna-
beltasche eines Pelikans erinnert. So werden bei jedem Maulvoll
Tonnen von Wasser gefiltert. Unsere Vorfahren glaubten, daß er
nichts fraß »außer der Dunkelheit und dem Regen, der auf das
Meer fällt«. Natürlich frißt er. In der Antarktis verzehrt er praktisch nur drei bis acht Zentimeter große Krabben, den Krill. Die
Populationen der Südkaper sollen ungefähr 44 Millionen Tonnen davon verschlingen. Aber wir wissen nicht genau, wieviel
Krill für ihr Überleben notwendig ist, welche Energiezufuhr er
liefert. Und wir kennen die meisten ihrer Techniken zur Lokalisierung der Nahrung nicht. Wie finden sie die Krillbänke? Aufgrund des Geräusches, des Geruchs oder dank eines Sonarsy-
stems, vergleichbar mit dem der Delphine? Wale verschlingen
Unmengen, aber diskret.

Da man den Blauwal in allen Weltmeeren blasen sieht, hat
man ihn als umherirrendes Ungetüm abgestempelt. In Wahrheit
würde er – wie alle Wale – gern darauf verzichten, jedes Jahr
unglaubliche Strecken zurückzulegen. Während des Sommers

ernähren sich diese Tiere in den äußerst fruchtbaren kalten Gewässern. Wenn dann der Winter naht, hören die trächtigen Weibchen auf zu fressen und beginnen ihre Wanderung zu den tropischen Meeren. Und da die Jahreszeiten der beiden Hemisphären umgekehrt sind, trifft das Walweibchen der nördlichen Meere nie auf seine Schwester aus dem Süden. Der Sommer der einen ist der Winter der anderen. Es gibt Leute, die sagen, daß die kräftigen Vokalisen der Blauwale aus der Arktis dazu dienen, von ihren Artgenossen in der Antarktis gehört zu werden. Das ist natürlich ein Märchen. Manchmal wird unser fehlendes Wissen auf diesem Gebiet von Scharlatanen ausgenutzt.

Die Weibchen, die ein Junges erwarten, können während ihrer Wanderung zu den Reproduktionsgebieten somit 10 000 Kilometer zurücklegen, wobei sie nur ganz wenig fressen. Ihre Reisegeschwindigkeit liegt bei 16 Stundenkilometern, aber sie können diese auf 32 Stundenkilometer steigern, wenn sie sich bedroht fühlen. Blauwale nähern sich den Küsten kaum und haben nicht so festgelegte Reproduktionsgebiete wie die anderen Wale. Wenn sie in den wärmeren Gewässern des Atlantiks oder Pazifiks angekommen sind, bringen sie nach zwölfmonatiger Trächtigkeit ein einziges Junges zur Welt. Jedes Weibchen zeugt während ihres Lebens höchstens fünf lebensfähige Junge. Das Kalb kommt mit der Schwanzflosse voran zur Welt, denn wenn es mit dem Kopf voran herauskäme, müßte es bis zum Ende der Geburt den Atem anhalten und liefe Gefahr zu ersticken. Danach hilft ihm seine Mutter, an die Oberfläche zu kommen, wo es sein Luftloch öffnet und zum ersten Mal atmet. Es wird sieben bis acht Monate lang gesäugt, und die tägliche Milchration beträgt fast 600 Liter, wobei die Milch zu 50 Prozent aus Fettanteilen, d. h. Butter, besteht. Waltiere haben keine Lippen, um wie andere Säugetiere bei ihrer Mutter zu saugen. Das Problem wird durch einen Muskel gelöst, der die Brustdrüse der Mutter umgibt und sich zusammenzieht, wenn sich der Säugling vor der Zitze befindet, so daß ihm die Milch in den

Rachen gespritzt wird. Das Kalb wird täglich 100 Kilogramm schwerer und wächst mehrere Zentimeter. Während der ganzen Zeit fastet die Mutter. Sie lebt von den Reserven, die sie während des Sommers aufgebaut hat, als sie in den kalten Meeren Tonnen von Krill filterte. Sie wird erst wieder fressen, wenn sie mit ihrem Jungen die Polargebiete erreicht hat.

Als ich sie auf hoher See vor Deception Island sah, befanden sie sich am Ende einer Rundreise von 20 000 Kilometern. Diese drei Wale waren sicher keine Wandergesellen, sie waren gereist, damit sie und ihre Spezies überlebten, es war kein Spiel. Sie hatten eine Art tausendjährigen Ritus vollzogen, und als sie loteten und uns dabei das Schauspiel ihrer gigantischen Schwanzflossen boten, ist mir wahrscheinlich bewußt geworden, wie wenig wir über sie wissen. Das Forschungsgebiet ist grenzenlos. Warum gibt es solche Verhaltensunterschiede zwischen den einzelnen Arten und zwischen den Populationen derselben Art? Warum sind die Tiere der südlichen Hemisphäre viel größer als die des Nordens? Anhand der Gehörzapfen kann man das Alter bestimmter Wale, wovon einige 80 Jahre alt werden, bestimmen, andere wiederum besitzen keine. Werden die Kälber mit einem genetischen Gedächtnis für die alten Routen geboren? Dies sind nur einige Fragen, aber es gibt Hunderte anderer. Und jede Antwort führt zu neuen Fragen. Der Wal ist ein Tier voller Rätsel. Da sind jene, die sich an der Mündung des Sankt-Lorenz-Stroms aufhalten und von meinem Kollegen Richard Sears seit 25 Jahren ununterbrochen erforscht und mit elektronischen Geräten, Sendern und Leuchtmarkierungen ausgestattet werden, worauf er ihnen per Satellit folgt. Aber irgendwann verlieren sie diese Geräte und verschwinden. Wohin gehen sie? Woher kommen sie? Großes Rätselraten. Blauwale haben etwas Metaphysisches.

Als sich das Meer über ihnen schloß, spürte ich eine Art nachträgliche Angst. Diese Spezies wäre durch die Jagd fast vollständig vernichtet worden. Wenn die Blauwale ab 1967 nicht geschützt worden wären, wenn die Jagd noch ein Jahrzehnt gedauert hätte, wäre außer mir niemandem mehr das Glück beschert worden, sie zu betrachten. Zehn Jahre. Nur zehn Jahre. Das Schicksal des größten Tieres der Welt spielte sich in extremis ab. Das Hunderter anderer Spezies spielt sich heute ab. Die Tage, die Stunden gehen vorüber. Leider ist die Zeit nicht auf ihrer Seite. Alles hängt von uns ab.

12.
Und wenn sie morgen
für immer verschwänden?

Während ich dieses Buch zu Ende brachte, bereiteten sich mehr
als 1 000 Spezialisten aus etwa 50 Ländern auf die Teilnahme an
einem großen Ereignis vor. Zum ersten Mal fand in Monaco die
Weltwissenschaftskonferenz über Meeressäugetiere statt, welche vom Forschungszentrum in La Rochelle organisiert wurde.
Ich muß zugeben, daß ich aus Höflichkeit einen pompösen Vorschlag gemacht hatte, wobei ich hoffte, daß das italienische Projekt angenommen werden würde. Venedig, die Stadt der Träume. Aber mein Vorschlag wurde ausgewählt, und ich mußte
annehmen. Eine schwierige Aufgabe, aber schließlich spielte ich
mit.

Wozu dient so eine Zusammenkunft? Worüber würden wir
sprechen? Ich denke oft, daß Delphine, Wale, Seehunde, Seekühe, Eisbären und Otter uns nicht zum Leben brauchen. Sie
haben nicht bis zum Ende des zweiten Jahrtausends gewartet,
um die Meere zu bevölkern, sie waren lange vor dem ersten
Menschen da.

Gerade deswegen müssen wir alles tun, damit sie uns überleben. Denn wenn wir uns ansehen, wie der Mensch den Planeten
kolonisiert hat, und wenn wir nicht mehr darauf achten, was wir
tun, wird es bald keine Delphine, Wale, Seehunde, Seekühe,
Eisbären oder Otter mehr geben.

Wenn also diese erste Weltkonferenz eine Klarstellung bringen und zum Vorantreiben der Forschungsarbeiten beitragen
kann, ist dies schon eine sehr gute Sache. Jedes Jahr verstehen
wir besser, wie diese Tiere leben, und wir können die Bedrohung
der Meeressäugetiere besser abschätzen. Um diese Fragen drehen sich alle wissenschaftlichen Aktivitäten. Doch die Gefahren

sind leider zu zahlreich und komplex, als daß wir hoffen könnten, ein Wundermittel zu finden.

Die Mönchsrobbe des Mittelmeers ist dafür ein trauriges Beispiel: Wir wohnen ihrem Verschwinden trotz der wissenschaftlichen Bemühungen und der bedeutenden europäischen Subventionen bei. In einigen Jahren werden die Mönchsrobben mit einer Wahrscheinlichkeit von neun zu zehn auf der Liste der definitiv ausgerotteten Arten stehen. Sie wurden bis zum letzten Krieg gejagt, nicht aus kommerziellen Gründen, sondern weil sie die Küstenfischer störten, indem sie »ihren« Fisch fraßen oder sich in den Netzen verhedderten. Die zwei letzten französischen Tiere wurden in den siebziger Jahren auf Korsika massakriert. Danach zwang die Ausbreitung der menschlichen Aktivitäten an den Küsten sie dazu, die meisten ihrer Reproduktionsstätten zu verlassen. Schiffahrt, chemische Verschmutzung, Küstenbauten in der Nähe der Grotten, in denen die Weibchen niederkommen, zu große Ausbeutung der Fischbestände. Heute gibt es nur wenige Orte, an denen sie überleben können. Künftig wird es nur noch wenige hundert Seehunde auf den griechischen oder türkischen Inseln und an den Küsten Mauretaniens geben. Krankheiten dezimieren die letzten Kolonien, die Nachwuchs haben. Dieses Jahr hat ein Virus wieder mehr als 300 Seehunde einer Population von etwa 400 Tieren an der afrikanischen Küste dahingerafft. Wir wissen, daß die starke Verseuchung, die an den Organen der Seehunde festgestellt wird, für eine Schwächung des Immunsystems verantwortlich ist. Deshalb sind die Tiere viel anfälliger für Viren, und es ist keine natürliche Abwehr da, die das Viehsterben bremsen könnte. Man hat bei Weibchen, die durch umweltschädliche Organismen aus unserer Industrie oder Landwirtschaft kontaminiert worden sind, auch einen Rückgang der Befruchtung und eine höhere Zahl spontaner Abbrüche festgestellt. Wenn sich die Seehunde also noch langsamer als sonst vermehren und dann auch noch irgendeinen Virus oder eine tödliche Krankheit einfangen, fragt man sich, durch welches Wunder diese Spezies überleben sollte. Für einen Wissenschaftler ist es sehr frustrierend, feststellen zu müssen, daß man einer zum Tod verurteilten Spezies machtlos und unfähig gegenübersteht.

Seit einigen Jahren stellen wir fest, daß hauptsächlich die Küstenarten am meisten bedroht sind. Die Erklärung ist einfach: Die menschlichen Aktivitäten haben in Küstennähe eine größere Auswirkung. Wir machen alles kaputt. Die stärkere Verschmutzung, die intensive Schiffahrt und die dramatische Überfischung greifen fast alle Meeressäugetiere an. In vielen Gegenden kommen noch andere Probleme hinzu. Die Flußdelphine des indischen Kontinents leiden unter dem Bau von Dämmen mitten in ihrem »Territorium«. Der chinesische Flußdelphin und der Amazonasdelphin, der Dugong und der Lamantin, sie alle fallen Außenborderschrauben zum Opfer; Wale, die sich in geschützten Buchten vermehren, werden von Touristen traktiert, die sich am Whalewatching vergnügen; die Seehunde verfangen sich in Netzen.

Ich habe es in diesem Buch schon erwähnt, aber ich möchte nochmals betonen, daß das pelagische Schleppnetz aberwitzig ist: 400 Meter breit und 900 Meter tief. Der reine Wahnsinn. Warum protestiert man gegen Treibnetze und verbietet sie, um dann ein viel destruktiveres Instrument zu erfinden? Wir haben nicht das Recht, die Meere abzugrasen und Wagenladungen von Fisch über Bord zu werfen, weil die Zeit zum Sortieren nicht reicht. Wenn die Bestände an Seehecht und Sardine so weit zurückgegangen sein werden, daß der Fang nicht mehr lohnt, wird die Anteilnahme zu spät sein. Die Delphine werden verschwunden sein, weil sie nichts mehr zu fressen haben. Und auch die Fischer können dann an Land bleiben. Wir sind dabei, eine Politik des verbrannten Meeres zu erfinden, so wie man gestern eine Politik der verbrannten Erde betrieb.

Millionen Meeressäugetiere finden aufgrund dieser Flucht nach vorn den Tod. Wenn ich diese verstümmelten, aufgeschlitzten, schwanzamputierten Kadaver sehe, bringt mich nicht nur das Leiden der gefangenen Tiere auf die Palme; mich entsetzt das Desaster, das nach diesem Massaker kommen wird. Die Vorstellung, unsere Zukunft auf der Leere aufzubauen, die wir um uns geschaffen haben, ist unerträglich. Es ist so unvernünftig, dumm, blind. Wir haben ähnliche Abnormitäten doch anderswo schon erlebt und tragen die Folgen. Viele Fischer wissen, daß diese Flucht nach vorn kriminell ist. Sie lieben diesen Beruf nicht mehr, der sie zwingt, das zu mißachten, was sie lieben. Der Geruch der Massengräber der Delphine ist für sie unerträglich. Er wird uns jahrzehntelang oder gar jahrhundertelang anhaften, wenn wir diese Verschwendung nicht stoppen können.

Wenn Delphine, Seehunde und Wale in Gefahr sind, sind auch Fauna und Flora des Meeres bedroht. Also auch die Meere, also auch der Planet und natürlich der *homo sapiens.* Die Meeressäugetiere sind an der Spitze der Nahrungspyramide, sie »vereinigen« alle Probleme und machen sie unserem armen menschlichen Auge sichtbar, das unter Wasser völlig blind ist und überhaupt keine Ahnung hat, was sich unter der Oberfläche der Meere abspielt. Wir wissen nur wenig über Meeressäugetiere, wir haben keine Ahnung von Krustentieren, Weichtieren und Fischen. Was die mikroskopischen Organismen betrifft, aus denen das Plankton besteht, die Basis der Nahrungskette, sind unsere Kenntnisse völlig verschwommen. Schon vor langer Zeit war den Wissenschaftlern klar, daß Waltiere und Flossenfüßler die besten Gesundheitsmesser unserer Meere sind. Wenn man diese Räuber untersucht, erstellt man gleichzeitig eine Diagnose über die Gesundheit des Meeres. Muß es noch einmal wiederholt werden? Es ist krank, sehr krank. Und wen kümmert die Agonie einer Sardine, wen bewegt das Leiden einer Krabbe, wer entsetzt sich über das Ersticken der Tintenfische? Mehrere ökologische Verbände haben einen Wal, einen Seehund oder einen Delphin als Emblem gewählt, weil ihnen bewußt ist, daß das

Image dieser Maskottchen Erfolg verspricht und nicht das einer Assel oder einer Spinne, selbst wenn diese gefährdet sind. Aber wenn man für den Schutz des Planeten arbeiten will, kann man sich nicht darauf beschränken, einige Superstars der Tierwelt zu erhalten, die zu »Totems«, zu Mythen geworden sind, weil sie in uns tiefe Gefühle wecken. Man läuft im übrigen Gefahr, die Arten, die wir lieben, zum Nachteil der anderen, die uns leider nicht bewegen, übermäßig zu schützen.

Um sicherzugehen, daß sich unsere Kinder noch an diesen Tieren, die wir lieben, begeistern können, müssen wir uns um die Ausgewogenheit ihres Umfelds und die Gesundheit ihrer Beute Gedanken machen, denn es ist fünf vor zwölf.

Um abschließend einen etwas optimistischeren Ton anzuschlagen, genügt es festzustellen, daß wir die Ursache jeglicher Bedrohung für das Überleben der Spezies sind, aber auch die Mittel haben, diese höllische Maschine zu bremsen. Es ist nicht unabwendbar. Nichts ist unkontrollierbar. Dies hat nichts zu tun mit einer Naturkatastrophe, der wir machtlos gegenüberstehen. Wir haben diese Zerstörung verursacht, d. h. wir haben Waffen, um zu zerstören. Aber wir haben auch Werkzeuge, um wiederaufzubauen. Es gibt einem Hoffnung, wenn man begreift, daß wir Mittel besitzen, das Problem anzugehen. Aber dafür müssen wir zuerst die Hauptprobleme identifizieren, die Schäden erkennen, aufhören, uns zu verstecken, und vor allem nicht mehr versuchen, die Schuld von uns zu weisen, indem wir einen Sündenbock suchen. Es ist nicht die Schuld der »bösen« Industriellen, der »abscheulichen« Landwirte, der »grausamen« Fischer oder der »inkompetenten« Politiker. Sie und ich konsumieren die Produkte der Industriellen, der Landwirtschaft und des Fischfangs. Sie und ich wählen die verantwortlichen Politiker. Sie und ich können dazu beitragen, daß sich die Dinge richtig entwickeln.

Es gibt 1 000 Möglichkeiten, eine Kurve zu begradigen, einen Berg hinaufzusteigen, tägliche Gewohnheiten zu ändern, der

Ausbildung jener, die morgen an der Macht sein werden, mehr
Aufmerksamkeit zu widmen. Man kann über die Folgen der
Handlungen, die man gerade ausführt, mehr nachdenken. Meine Aufgabe ist es sicher nicht, Lektionen zu erteilen oder Rezep-
te anzubieten. Jeder weiß sehr wohl, wie er diese Situation auf
seine Weise ändern kann. Ich gebe nicht vor, besser als Sie zu
wissen, was getan werden sollte. Meine Aufgabe ist es, Alarm zu
schlagen, weil ich den Gedanken nicht ertragen kann, daß es
morgen im Golf von Biskaya oder anderswo keine Delphine
mehr gibt. Vielleicht besteht meine Aufgabe nur darin, meine
Begeisterung über die Schönheit und den Reichtum unseres
Planeten weiterzugeben, indem ich Geschichten von Walen und
Delphinen erzähle. Meiner Meinung nach ist dies die beste
Möglichkeit der Motivation. Aber wenn wir auch morgen noch
neue Geschichten erzählen wollen, ist es höchste Zeit, die
Blindheit zu besiegen.

Anhang

AUFLISTUNG DER SPEZIES

Die Meeressäugetiere (122 Spezies)
**Wissenschaftliche, Deutsche und
Englische Bezeichnungen**

Die Systematik für Waltiere ist noch umstritten: Manche Autoren haben eine andere Ordnung für die Gattungen der Zahnwale oder die Arten innerhalb der Gattungen. Andere fügen Gattungen hinzu oder streichen welche. Und einige Spezies sind nicht immer unter der gleichen Gattung klassifiziert (beispielsweise wurde der Irawadidelphin zeitweise unter die Gründelwale eingereiht, aber jüngste genetische Informationen ordnen ihn wieder den Delphinen zu). Deshalb haben wir eine klassische Form der Systematik beibehalten, bis neue genetische Verfahren die Zuordnung von Waltieren klären.

Cetacea (80 Spezies)	**Zetazeen, Waltiere**	**cetaceans**
Mysticeti (11 Spezies)	**Bartenwale**	**mysticeti, baleen whales**
Eschrichtidae (1 Spezies)	**Grauwale**	**eschrichtids**
Eschrichtius robustus	Grauwal	grey whale
Balaenopteridae (6 Spezies)	**Furchenwale**	**balaenopterids**

Balaenoptera acutorostrata	Zwergwal	minke whale
Balaenoptera edeni	Brydewal; Brydeswal	Bryde's whale
Balaenoptera borealis	Seiwal	sei whale
Balaenoptera physalus	Finnwal	fin whale
Balaenoptera musculus	Blauwal, Riesenwal	blue whale
Megaptera novaeangliae	Buckelwal	humpback whale
Balaenidae (3 Spezies)	**Glattwale**	**right whales**
Eubalaena glacialis	Nordkaper; Südlicher Glattwal	northern right whale
Eubalaena australis	Südkaper	southern right whale
Balaena mysticetus	Grönlandwal	bowhead whale
Neobalaenidae (1 Spezies)	**Zwergglattwale**	**neobalaenids**
Capera marginata	Zwergglattwal	pygmy right whale
Odontoceti (69 Spezies)	**Zahnwale**	**odontoceti, tooth whales**
Iniidae (1 Spezies)	**Iniidae**	**iniids**

Inia geoffrensis	Amazonasdelphin, Irinokodelphin	boutou, boto
Pontoporiidae (2 Spezies)	**Pontoporiidae**	**pontoporids**
Lipotes vexillifer	Chinesischer Flußdelphin	baiji, beiji
Pontoporia blainvillei	La-Plata-Delphin	franciscana
Platanistidae (2 Spezies)	**Flußdelphine**	**platanistids**
Platanista gangetica	Gangesdelphin	Ganges susu, Ganges river d.
Platanista minor	Indusdelphin	Indus susu, Indus river dolphin
Delphinidae (33 Spezies)	**(Echte) Delphine**	**delphinids**
Steno bredanensis	Furchenzahndelphin	rough-toothed dolphin
Sousa chinensis	Weißdelphin	Indo-Pacific hump-backed dolphin
Sousa teuszii	Kamerundelphin	Atlantic hump-backed dolphin
Sotalia fluviatilis	Brackwasserdelphin	tucuxi
Tursiops truncatus	Tümmler; Großer Tümmler	bottlenose dolphin

Stenella longirostris	Langschnauzendelphin	spinner dolphin, long-snouted spinner d.
Stenella attenuata (dubia)	Schlankdelphin	pantropical spotted dolphin
Stenella frontalis (plagiodon)	Fleckendelphin	Atlantic spotted dolphin
Stenella clymene	Kurzschnauzendelphin	clymene dolph., short-snouted spinner d.
Stenella coeruleoalba	Blauweißer Delphin	striped dolphin
Delphinus delphis	Gewöhnlicher Delphin; Gemeiner Delphin	common d., short-beaked com. d.
Delphinus capensis	Gemeiner Langschnauzendelphin	long-beaked common dolphin
Lagenodelphis hosei	Borneodelphin	Fraser's dolphin
Lagenorhynchus albirostris	Weißschnauzendelphin; Weißschnauziger Springer	white-beaked dolphin
Lagenorhynchus acutus	Weißseitendelphin	Atlantic white-sided dolphin
Lagenorhynchus obliquidens	Gestreifter Pazifikdelphin	Pacific white-sided dolphin

Lagenorhynchus obscurus	Dunkeldelphin	dusky dolphin
Lagenorhynchus australis	Peals Delphin	Peale's dolphin
Lagenorhynchus cruciger	Kreuzbanddelphin	hourglass dolphin
Cephalorhynchus commersonii	Commersondelphin	Commerson's dolphin
Cephalorhynchus eutropia	Flachkopfdelphin	black dolphin
Cephalorhynchus heavisidii	Heavisides Delphin	Heaviside's dolphin
Cephalorhynchus hectori	Hectors Delphin	Hector's dolphin
Lissodelphis borealis	Nördlicher Glattdelphin	northern right whale dolphin
Lissodelphis peronii	Südlicher Glattdelphin	southern right whale dolphin
Grampus griseus	Rundkopfdelphin; Rissodelphin; Gramper	Risso's dolphin
Peponocephala electra	Breitschnabeldelphin	melon-headed whale
Feresa attenuata	Kleinschwertwal	pygmy killer whale
Pseudorca crassidens	Kleinschwertwal; Unechter Schwertwal	false killer whale

Globicephala melas	Grindwal; Gewöhnlicher Grindwal	long-finned pilot whale
Globicephala macrorhynchus	Nordamerikanischer Grindwal; Indischer Grindwal	short-finned pilot whale
Orcinus orca	Schwertwal; Mörderwal; Butzkopf	killerwhale
Orcaella brevirostris	Irawadidelphin	Irrawaddy dolphin
Phocoenidae (6 Spezies)	**Schweinswale**	**porpoises**
Phocoena phocoena	Braunsfisch; kleiner Tümmler; Schweinswal	harbour porpoise, common porpoise
Phocoena sinus	Kalifornischer Schweinswal	vaquita, cochito
Phocoena spinipinnis	Spitzflossen-Schweinswal	Burmeister's porpoise
Australophocaena dioptrica	Brillentümmler	spectacled porpoise
Neophocaena phocaenoides	Neutümmler	finless porpoise
Phocoenoides dalli	Dall-(Hafen-)Schweinswal	Dall's porpoise
Monodontidae (2 Spezies)	**Gründelwale**	**monodontids**

Delphinapterus leucas	Weißwal; Beluga	white whale, beluga
Monodon monoceros	Narwal	narwhale
Physeteridae (3 Spezies)	**Pottwale**	**physeterids, sperm whales**
Physeter macrocephalus	Pottwal	sperm whale
Kogia breviceps	Zwergpottwal	pygmy sperm whale
Kogia simus	Zwergpottwal	dwarf sperm whale
Ziphiidae (20 Spezies)	**Schnabelwale;** **Spitzschnauzen-Delphine**	**beaked whales**
Berardius arnuxii	Südlicher Schwarzwal	Arnoux's beaked whale
Berardius bairdii	Nördlicher Schwarzwal; Baird-Wal	Baird's beaked whale
Ziphius cavirostris	Schnabelwal; Cuviers Schnabelwal	Cuvier's beaked whale
Tasmacetus shepherdi	Shepherdwal	Shepherd's beaked wh., Tasman b.w.
Hyperoodon ampullatus	Entenwal; Nördlicher Entenwal	northern bottlenose whale

Hyperoodon planifrons	Südlicher Entenwal	southern bottlenose whale
Mesoplodon pacificus	Pazifischer Schnabelwal	Longman's beaked whale
Mesoplodon bahamondi	Juan Fernandez Schnabelwal	Juan Fernandez beaked whale
Mesoplodon peruvianus	Zwerg-Schnabelwal	pygmy beaked whale, Lesser b.w.
Mesoplodon hectori	Hector-Schnabelwal	Hector's beaked whale
Mesoplodon mirus	True-Wal	True's beaked whale
Mesoplodon europaeus	Gervais-Zweizahnwal	Gervais' beaked whale
Mesoplodon ginkgodens	Japanischer Schnabelwal	ginkgo-toothed beaked whale
Mesoplodon grayi	Camperdown-Wal	Gray's beaked whale
Mesoplodon carlhubbsi	Hubb-Schnabelwal	Hubb's beaked whale
Mesoplodon bowdoini	Andrew-Schnabelwal	Andrew's beaked whale
Mesoplodon stejnegeri	Stejneger-Schnabelwal	Stejneger's beaked whale
Mesoplodon bidens	Sowerbys Zweizahnwal	Sowerby's beaked whale
Mesoplodon layardii	Lyard-Wal	strap-toothed whale

Mesopolodon densirostris	Blainville-Schnabelwal	Blainville's beaked whale
Pinnipedia (34 Spezies)	**Robben; Flossenfüßler**	**pinnipeds**
Odobenidae (1 Spezies)	**Walrösser**	**odobenids**
Odobenus rosmarus	Polarmeer-Walroß	walrus
Otariidae (14 Spezies)	**Ohrenrobben; Hundsrobben**	**otarids**
Phocarctos hookeri	Neuseeland-Seelöwe	New Zealand sea lion, Hooker's s.l.
Otaria byronia (flavescens)	Mähnenrobbe; Südamerikanischer Seelöwe	South–American sea lion, southern s.l.
Zalophus californianus	Kalifornischer Seelöwe	California s.l., Galápagos, Japanese s.l.
Neophoca cinerea	Australischer Seelöwe	Australian sea lion
Eumetopias jubatus	Stellers Seelöwe	northern sea lion, Steller sea lion
Callorhinus ursinus	Nördliche Pelzrobbe	northern fur seal
Arctocephalus pusillus	Südafrikanischer Seebär	South African f.s., Cape/Australian/Tasmanian f.s.

Arctocephalus gazella	Kerguelen-Seebär	Antarctic fur seal, Kerguelen fur seal
Arctocephalus forsteri	Australischer Seebär	New-Zealand fur seal, western–Australian f.s.
Arctocephalus tropicalis	Kerguelen-Seebär	subantarctic fur seal, Amsterdam Island f.s.
Arctocephalus australis	Südliche Pelzrobbe	South American fur seal
Arctocephalus galapagoensis	Galapagos Seebär	Galápagos fur seal
Arctocephalus philippii	Juan-Fernandez Seebär	Juan Fernández fur seal
Arctocephalus townsendi	Guadeloupe Seebär	Guadelupe fur seal
Phocidae (19 Spezies)	**Seehunde; Hundsrobben**	**true seals**
phoca vitulina	Seehund	harbour seal, harbor seal
Phoca largha	Ostasiatisch-Nordpazifischer Seehund	spotted seal, larga seal
Phoca hispida	Eismeer-Ringelrobbe	ringed seal
Phoca sibirica	Baikalrobbe	Baikal seal

Phoca caspida	Baikalrobbe	Caspian seal
Phoca groenlandica	Sattelrobbe	harp seal, Greenland seal
Phoca fasciata	Bandrobbe	ribbon seal
Halichoerus grypus	Kegelrobbe	grey seal, gray seal
Erignathus barbatus	Bartrobbe	bearded seal
Cytophora cristata	Klappmütze	hooded seal
Monachus monachus	Mittelmeer-Mönchsrobbe; Seemönch; Seejungfrau	Mediterranean monk seal
Monachus tropicalis	Westindische Mönchsrobbe	Caribbean monk seal, West Indian m.s.
Monachus schauinslandi	Laysan-Mönchsrobbe	Hawaiian monk seal
Lobodon carcinophagus	Krabbenfresser	crabeater seal
Ommatophoca rossii	Roßmeerrobbe	Ross seal
Hydrurga leptonyx	Seeleopard	leopard seal
Leptonychotes weddellii	Weddellrobbe	Weddell seal

Mirounga leonina	Südlicher See-Elefant	southern elephant seal
Mirounga angustirostris	Nördlicher See-Elefant	northern elephant seal
Sirenia (5 Spezies)	**Seekühe**	**sirenians**
Dugongidae (2 Spezies)	**Gabelschwanz-Seekühe**	**dugongs & sea cows**
Dugong dugong	Dugong; Gabelschwanz-Seekuh	dugong
Hydrodamalis gigas	Riesenseekuh	Steller's sea cow
Trichechidae (3 Spezies)	**Rundschwanz-Seekühe**	**manatees**
Trichechus manatus	Lamantin, Ochsenfisch; Nagel-Manati	West Indian manatee, Caribbean/Florida m.
Trichechus senegalensis	Afrikanischer Lamantin; Afrikanischer Manati	West African manatee
Trichechus inunguis	Amazonas Lamantin; Fluß-Manati	Amazon manatee
Andere Meeressäugetiere (3 Spezies)		
Mustelidae (2 Spezies)	**Marder**	**mustelids**

Enhydra lutris	Meerotter	sea otter
Lutra felina	Südamerikanischer Küstenotter	marine otter, chungungo
Ursidae (1 Spezies)	**Bären**	**ursids**
Ursus maritimus	Eisbär	polar bear

Glossar

Apnoe: den Atem anhalten. Beim Menschen bedeutet dies, daß man ohne Sauerstoffflasche taucht.

Archaeocetes: Vorfahren der jetzigen Waltiere.

Art/Spezies: alle Nachkommen der gleichen Eltern und derer, die bei einer Kreuzung mit ihnen zu Nachkommen führen, die untereinander unbegrenzt fruchtbar sind (siehe auch Rassen).

Barten: hornige Streifen, die am oberen Kiefer der Bartenwale befestigt sind; sie sitzen dicht beieinander und bilden somit einen Filter, der die Nahrung zurückhält und das Wasser abfließen läßt.

Bartenwale: Unterordnung der Waltiere mit Barten (Wale und Furchenwale), die elf Arten umfaßt.

Biotop: Ort, der alle Bedingungen vereint, die für das Leben einer Art (Spezies) notwendig sind.

Blas: Dampfstrahl, der beim Ausatmen der Wale durch das Spritzloch entsteht.

Botschafter: bezeichnet Delphine, meistens Tümmler, die die meiste Zeit ihres Lebens als Einzelgänger verbringen und von sich aus Verbindung zu den Menschen, denen sie begegnen, aufnehmen.

Brustflosse: vorderes Glied der Waltiere, das sich zu einer Schwimmflosse entwickelt hat; Schwimmflossen dienen der Orientierung und der Stabilisierung beim Schwimmen.

CRMM: *Centre de recherche sur les mammifères marins* = Forschungszentrum für Meeressäugetiere; ein Labor in La Rochelle.

Finne/Rückenflosse: faserartiger vertikaler Körperteil auf dem Rücken der meisten Waltiere; dient zur Stabilisierung im Wasser.

Flossenfüßler: Unterordnung der Feischfresser im Meer, die im weitesten Sinn Walrosse, Ohrenrobben und Seehunde umfaßt; 34 Arten.

Fluke/Schwanzflosse: Schwimmflosse des Schwanzes; bei Waltieren horizontal (bei Fischen vertikal). Durch ihr Schlagen in vertikaler Richtung schnellt das Tier vorwärts.

GPS: Abkürzung des englischen Begriffs *Global Positionning System,* ein Satelliten-Positionierungssystem.

Harem: Gruppe mehrerer Weibchen, beherrscht von einem Männchen.

Hertz: Maßeinheit für die Frequenz: entspricht einem Zyklus pro Sekunde.

Hornhaut/Schwiele: verhornte Teile der Haut, meistens auf dem Kopf, an denen sich bei Bartenwalen kleine Krustentiere festsetzen.

Hydrodynamik: Verhältnis zwischen der Form eines Körpers und dem Widerstand der Flüssigkeit, in der er sich fortbewegt.

Hydrophon: Unterwassermikrophon.

Junges/Walkalb: Walbaby.

Klick: sehr kurzes, von Zahnwalen und einigen Flossenfüßlern meistens mehrmals hintereinander erzeugtes Geräusch zur Schallorientierung.

Knoten: Geschwindigkeitseinheit für 1 Seemeile (1 852 m) pro Stunde.

Kopffüßer: z. B. Tintenfische, Kalamares, Kraken.

Krill: Begriff englischen Ursprungs, der die Hauptnahrung der meisten Wale und Furchenwale bezeichnet; Krill setzt sich hauptsächlich aus Plankton zusammen: *Euphosia superba.*

Loten: sagt man bei Waltieren, wenn sie senkrecht tauchen.

Mandibel: unterer Teil des Kiefers.

Massenstranden: zeigt an, daß mehrere Tiere (manchmal Hunderte) als Gruppe lebend stranden. Betrifft nur Zahnwale.

Melone: bezeichnet die melonenartig gewölbte Stirn der Zahnwale; die Melone ist mit Fett (Walrat bei Pottwalen) angefüllt, dessen Aufgabe es ist, die vom Tier erzeugten Schallwellen zu bündeln.

Migration: Wanderung, die periodisch zwischen den Nahrungsrevieren und denen der Fortpflanzung erfolgt; es ist eine regelmäßige Bewegung: zeitlich (normalerweise im Frühjahr und im Herbst) und örtlich (immer zu den gleichen Revieren).

Pelagisch: bezeichnet den kompletten Meeresbereich zwischen Meeresoberfläche und -boden.

Pelagisches Schleppnetz: Fangutensil aus Maschen in Form eines Trichters; es wird mehrere Stunden lang von einem oder zwei Schiffen in einigen hundert Metern Tiefe gezogen.

Plankton: alle Organismen (pflanzlich und tierisch), die schwebend im Meerwasser leben.

Rassen: Tiere der gleichen Art, die lange genug in bestimmten geographischen Gebieten gelebt haben, um unterschiedliche morphologische Eigenschaften zu entwickeln.

Schallortung: Möglichkeit, einen Gegenstand anhand des Echos, das er von den ausgesandten Schallwellen zurückwirft, zu orten.

Seekühe: Ordnung vegetarischer Meeressäugetiere, die 5 Arten umfaßt.

Sonar: Anagramm des englischen *SOund NAvigation Ranging*; bezeichnet ein System, das es ermöglicht, einen Gegenstand entsprechend dem Echo, das er von den vom Apparat ausgesandten Schallwellen zurückwirft, zu positionieren.

Speck: Fett unter der Haut, das als thermische Isolierung fungiert und den Temperaturaustausch zwischen Körper und Umgebung bremst.

Spritzloch/Atemloch: Atmungsloch – oder Nasenloch – der Waltiere, das sich oben auf dem Schädel befindet; das Spritzloch ist bei Zahnwalen einfach, bei Bartenwalen doppelt.

Stranden: sagt man bei Meeressäugetieren, die man am Strand findet; wenn es sich um Waltiere handelt, sind sie meistens tot, Flossenfüßler leben oft noch.

Südkaper: Südwal, benannt nach dem Südkap (Kap der Guten Hoffnung).

Trächtigkeit: sagt man bei einem weiblichen Säugetier, das ein Junges erwartet; es ist die Zeit zwischen Befruchtung und Geburt.

Treibnetz: Fangutensil unterschiedlicher Länge und Höhe, das an Bojen befestigt wird; man läßt es mehrere Stunden lang mit der Strömung treiben.

Walrat/Spermazet: sehr feines Fett in der Melone des Pottwals; sein Name kommt von seiner äußerlichen Ähnlichkeit mit Sperma.

Waltiere: Ordnung der Meeressäugetiere, welche die Bartenwale und die Zahnwale umfaßt (Wale und Delphine im weitesten Sinn); beinhaltet 80 Arten.

Warmblüter: Tier, das seine eigene Wärme erzeugt, um eine konstante Körpertemperatur aufrechtzuerhalten, unabhängig von den Temperaturschwankungen der Umgebung; Säugetiere und Vögel sind Warmblüter.

Whalewatching: englischer Begriff, der die touristischen und kommerziellen Aktivitäten der Beobachtung von Waltieren bezeichnet.

Zahnwale: Unterordnung der Waltiere mit Zähnen (Salzwasserdelphine und Süßwasserdelphine, Pottwale, Tümmler, Schnabelwale, Narwale und Weißwale), die 69 Arten umfaßt.

Zetologe: eine Person, die Waltiere erforscht.

Horst-Eberhard Richter

Als Einstein nicht mehr weiterwußte

Ein himmlischer Krisengipfel

256 Seiten

TB 26569-5

Satirisch und ironisch, gleichwohl mit vollem Ernst, läßt Horst-Eberhard Richter die Meisterdenker Konfuzius, Platon, Buddha, Augustinus, Descartes, Marx, Freud und Einstein ein himmlisches Wortgefecht führen. So streiten sie, ob der globalisierte Ultrakapitalismus in weltweitem Chaos enden, ob die technologische Revolution eine schönere neue Welt bescheren oder ob ein gründlicher Sinneswandel die Menschen zur Gesundung ihrer Verhältnisse führen wird.

»Unter seiner Regie gelingt dem Club der toten Denker ein höchst lebendiger und spannender Dialog, der mitten hineinzielt in die ambivalenten Befindlichkeiten der Gegenwart.«   *Die Zeit*

Helmut Krusche
**Der Frosch auf
der Butter**
NLP – Die Grundlagen
des Neuro-Linguistischen
Programmierens
296 Seiten
TB 26531-8

NLP, die Neuro-Linguisti-
sche Programmierung, ist
eine Methode, die eine neue
Dimension menschlicher
Kommunikation eröffnet
hat. Sie nutzt systematisch
die Muster der sinnlichen
Wahrnehmung und der
Sprache, um bestimmte
Ziele zu erreichen. Die
Gedanken von NLP sind
aufgrund ihrer Einfachheit
leicht umsetzbar – und das
in allen Lebensbereichen.
Dieses Buch zeigt Ihnen,
wie Sie mit Hilfe von NLP
sich selbst beeinflussen und
schöpferisch verändern
können.